로마서  원고지형 따라쓰기

1. 시작일 : _____ 년 ____ 월 ____ 일

2. 목표일 : _____ 년 ____ 월 ____ 일

3. 종료일 : _____ 년 ____ 월 ____ 일

로마서 따라쓰기

초판 1쇄 발행 2015년 10월 10일
2쇄 발행 2020년 2월 10일
3쇄 발행 2021년 10월 5일

펴낸이 박진하
교 정 목윤희
로마서 개요 및 문제 황갑수 (달라스신학대학원 STM 수료 / 성경해석학)
디자인 신형기
펴낸곳 홈앤에듀
신고번호 제 379-251002011000011호
주 소 경기도 성남시 수정구 복정동 639-3 정주빌딩 B1
전 화 050-5504-5404
홈페이지 홈앤에듀 http://www.homenedu.com
패밀리 홈스쿨지원센터 http://homeschoolcenter.co.kr
아임홈스쿨러 http://www.imh.kr
아임홈스쿨러몰 http://www.imhmall.com
판권소유 홈앤에듀(가정과 다음세대의 회복을 위한 홈스쿨사역단체 홈스쿨지원센터의 출판 브랜드)

ISBN 979-11-962840-4-6 03230
값 12,500원

로마서 원고지형 따라쓰기

1절 예수 그리스도의 종 바울은 사도로 부르

2절 이 복음은 하나님이 선지자들로 통하여

3절 그의 아들에 관하여 말하여 육신으로

4절 성결의 영으로는 죽은 자들 가운데서

5절 그로 말미암아 우리가 은혜와

홈앤에듀

"사람들에게 가장 많은 영향력을 끼친 로마서"를 눈으로 읽고 따라쓰며 마음에 새겨보는 시간을 매일 가져보세요.

로마서 따라쓰기를 꾸준히 하면 어떤 유익이 있을까요?

1. 매일 매일 하나님의 말씀을 읽고, 쓰고, 묵상하는 시간을 가짐으로 말씀의 의미를 더 깊이 알 수 있습니다.
2. 바른 글씨를 쓰는 데 도움이 됩니다.
3. 맞춤법 연습에 도움이 됩니다.
4. 속뜻단어풀이를 통해 어휘력을 증진시킬 수 있습니다.(속뜻, 한자, 영어)
5. 원고지형이기에 띄어쓰기에 대해 확실하게 인지할 수 있습니다.
6. 원고지 쓰는 방법을 자연스럽게 익힐 수 있습니다.

로마서 따라쓰기를 이렇게 이용하세요.

1. 기도로 먼저 시작하세요.
   - 하나님의 말씀을 눈으로 읽고, 입으로 말하며 필사할 때 깊이 깨달아 알 수 있도록 성령의 도우심을 구하세요.
2. 목표일을 정해놓고 매일 매일 쓰세요.
   - 목표일을 정해놓지 않으면 흐지부지 될 수 있습니다. 꼭 목표일을 정해놓고 시작하세요.
   - 몸에 좋은 보약도 매일 먹어야 효과를 보듯 영의 양식인 말씀 또한 매일 읽고 쓸 때 더욱 유익합니다.
3. 로마서 각 장의 개요를 서너번 반복해서 천천히 읽어보세요.
4. 따라쓰기를 하면서 한자어가 나오는 경우 하단의 속뜻단어풀이를 읽어보세요.
   - 아는 단어라 할지라도 속뜻단어풀이를 살펴보시면 뜻이 더욱 명쾌해집니다.
   - 초등 저학년이거나 한자쓰기가 어려운 경우 한자쓰기를 생략해도 됩니다.
5. 하루 분량을 마친 후에는 천천히 묵상하는 마음으로 읽어보세요.
   - 쓰는 것 보다 쓰고 난 후 천천이 여러번 말씀을 되뇌이며 묵상함이 더 중요합니다. 말씀 가운데 주시는 은혜와 깨달음을 사모하세요.
6. 각 장마다 제공되는 [로마서 이해문제]에 답을 달면서 그동안 읽고 써보았던 내용을 다시 한번 살펴보세요.
7. 기도로 마무리하세요.
   - 읽고 쓰고 묵상하면서 깨달은 내용으로 죄를 고백하며 하나님의 은혜에 감사하는 기도를 드리세요.

속뜻단어풀이 이렇게 제작되었습니다.

– 본 로마서따라쓰기에는 쪽마다 보통 2,3단어씩 중복단어를 포함하여
  총 385단어의 속뜻단어풀이가 제공됩니다.

– 속뜻단어풀이는 LBH교육출판사의 허가 하에 베스트셀러인 [초중교과
  속뜻학습 국어사전]과 [우리말 한자어 속뜻사전]의 단어풀이를 인용
  하였으며 없는 단어는 성경사전 및 그 외 사전을 참조하였고
  몇몇 단어는 성경사전의 뜻을 추가하기도 하였습니다.
  (재인용을 금지합니다.)

한자 훈음 = 힌트(속뜻) ➔ 저절로 기억

▶ Learning by Hint : 힌트 활용 학습

※ Learning by Heart ('기억하다')

➔가슴으로 공부하기

–심 尊敬心 ㅣ 마음 심
받들어 공경하는[尊敬] 마음[心]. ¶신(神)
님에 대한 존경심.

존귀 尊貴 ㅣ 높을 존, 귀할 귀
[be high and noble]
지위나 신분이 높고[尊] 귀(貴)함. ¶이
세상 사람들은 모두 존귀하다. ⑪비천(卑
賤).

존대 尊待 ㅣ 높을 존, 대접할 대
[treat with respect]
❶속뜻 높이[尊] 받들어 대접(待接)함. ❷
존경하는 말투로 대함. ¶그는 항상 나를
깍듯이 존대했다. ⑪하대(下待).

존댓-말 (尊待—, 높을 존, 대접할 대)
[honorific language]
높이[尊] 받들어 대접(待接)하...

속뜻단어풀이란?

우리말의 70%이상을 차지하는 한자어는 각 한자에서 힌트를 찾아내어
어휘의 속뜻을 이해하면 쉽습니다. 본 도서에서 인용한 〈초중교과 속뜻
학습 국어사전〉에서는 어휘의 속뜻풀이를 통해 아이들의 이해력과 사고
력을 높이도록 하고 있습니다. 또한 단어마다 해당 영어어휘가 병기되어
일석삼조의 효과를 줍니다.

로마서의 명칭

– 헬라어 : 프로스 로마이오스

– 라틴어 : Epistola d Romanos

– 번역 : 로마인들에게 보낸 편지

로마서의 저자와 저작연대

로마서는 사도 바울이 말한 것을 더디오(롬 16:22)가 받아 적어 기록한 것이다. 제 3차 전도 여행 말엽인 AD 57~58년경에 기록되었다고 추정한다. 마게도냐와 아가야 교회의 헌금을 받아 예루살렘에 가지고 가려던 중 고린도에서 도착해 3개월 체류 중에 기록되었다.

로마서는 어떤 책인가?

기독교 역사상 최초의 해외선교사라고 할 수 있는 사도 바울이 쓴 '로마서'는 가장 많은 영향력을 사람들에게 끼친 "성경 중의 성경"으로 알려져 있다. 여기에는 성 '어거스틴'과 종교개혁자 '루터' 같은 역사적인 위인들을 포함하며, 우리 주변의 많은 사람들도 이 로마서에 의하여 깊은 은혜와 영향을 받았을 것이다.

바울 사도는 자신의 마지막 3차 선교여행을 마무리하는 시점인 서기 57년경에 로마제국의 수도 로마에 있는 교회에 이 로마서 '편지'를 써 보냈다. 그는 이 편지를 통하여 모든 사람에게 예외 없이 필요한 '복음', 즉 모든 인류를 구원하기를 원하시는 하나님의 구원계획을 매우 자세하게 밝혀주고 있다.

로마서의 기록목적

① 사도들에게 직접적인 가르침을 받지 못한 로마교회에 확고한 복음의 체계적인 진리, 기본적인 구원관을 전하기 위하여

② 로마 기독교인들을 위하여 율법주의와 우상숭배, 비윤리적인 문제와 같은 체계적인 복음을 알리기 위하여

③ 로마교회는 유대교인과 이방교인들의 갈등이 있었는데, 이것에 대한 차별없는 하나님의 구속사를 알리기 위하여

④ 스페인(서바나) 선교를 앞두고 복음의 전략적인 요충지로서 로마교회와 긴밀한 유대관계를 맺기 위하여

로마서의 내용

① 1장 1절 ~ 17절 : 로마서 서문 (복음의 본질과 복음전도의 열정)

② 1장 18절 ~ 3장 20절 : 죄와 심판 – 인간의 죄 때문에 하나님의 복음이 필요하게 됨.

③ 3장 21절 ~ 5장 21절 : 칭의 – 예수 그리스도를 믿음으로 죄인이 구원받음.

④ 6장 1절 ~ 8장 39절 : 성화 – 신자는 죄를 이기고 그리스도의 성품을 닮아감.

⑤ 9장 1절 ~ 11장 36절 : 소망 – 구원을 베푸시는 하나님의 주권을 인정하고 소망함.

⑥ 12장 1절 ~ 15장 13절 : 실천 덕목 – 성경 말씀을 순종하는 것이 참된 예배자의 삶.

⑦ 15장 14절 ~ 16장 27절 : 마지막 권면의 말 (친밀한 성도의 교제와 기도 요청)

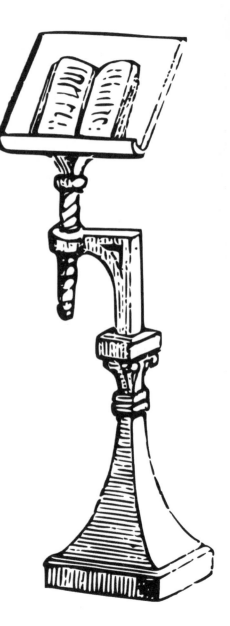

제 1장

로마서 1장은 복음의 정의(1-4절)와 인간을 구원하는 복음의 능력(16-17절),
그리고 이 복음이 모든 인류에게 필요한 진정한 이유가 무엇인지를(18-32절) 설명한다.

1	절		예	수		그	리	스	도	의		종		바	울	은		사
도	로		부	르	심	을		받	아		하	나	님	의		복	음	을
위	하	여		택	정	(	擇	定	)	함	을		입	었	으	니
2	절		이		복	음	은		하	나	님	이		선	지	자	들	을
통	하	여		그	의		아	들	에		관	하	여		성	경	에		미
리		약	속	하	신		것	이	라	.
3	절		그	의		아	들	에		관	하	여		말	하	면		육
신	으	로	는		다	윗	의		혈	통	(	血	統	)	에	서		나	셨
고
4	절		성	결	(	聖	潔	)	의		영	으	로	는		죽	은

8
로마서
1장

속뜻단어
풀   이

▪ **택정 擇定** | 고를 택, 정할 정 [select; choose] 여럿 중에서 골라[擇] 정(定)함. ㊙ 선정(選定).
▪ **혈통 血統** | 피 혈, 계통 통 [blood; lineage] 같은 핏줄[血]을 타고난 겨레붙이의 계통(繼統). 조상과의 혈연관계.
  그는 영국 귀족의 혈통이다.
▪ **성:결 聖潔** | 거룩할 성, 깨끗할 결 [holiness and purity] 거룩하고[聖] 깨끗함[潔].

자들 가운데서 부활하사 능력으로 하나
님의 아들로 선포되셨으니 곧 우리 주
예수 그리스도시니라.
  5절 그로 말미암아 우리가 은혜와
사도의 직분(職分)을 받아 그의 이름
을 위하여 모든 이방인(異邦人) 중에
서 믿어 순종하게 하나니
  6절 너희도 그들 중에서 예수 그리
스도의 것으로 부르심을 받은 자니라.
  7절 로마에서 하나님의 사랑하심을

속뜻단어
풀   이

▪ **직분 職分** | 일 직, 나눌 분 [duty; job] ❶ 속뜻 직무(職務)상의 본분(本分). 맡은 바 직분을 충실히 하다. ❷ 마땅히 해야 할 본분. 사람은 각자 지켜야 할 직분이 있다.

▪ **이:방-인 異邦人** | 다를 이, 나라 방, 사람 인 [stranger; foreigner] ❶ 속뜻 다른[異] 나라[邦] 사람[人]. ❷ 기독교 유대 사람들이 선민(選民) 의식에서 그들 이외의 다른 민족을 얕잡아 이르던 말. 비 이국인(異國人).

받	고		성	도	로		부	르	심	을		받	은		모	든		자	에
게		하	나	님		우	리		아	버	지	와		주		예	수		그
리	스	도	로	부	터		은	혜	와		평	강	이		있	기	를		원
하	노	라	.																
	8	절		먼	저		내	가		예	수		그	리	스	도	로		말
미	암	아		너	희		모	든		사	람	에		관	하	여		내
하	나	님	께		감	사	함	은		너	희		믿	음	이		온		세
상	에		전	파	(	傳	播	)	됨	이	로	다	.						
	9	절		내	가		그	의		아	들	의		복	음		안	에	서
내		심	령	(	心	靈	)	으	로		섬	기	는		하	나	님	이	

10
로마서
1장

속뜻단어
풀   이

- **전파 傳播** | 전할 전, 뿌릴 파 [spread; propagate] ❶ 속뜻 전(傳)하여 널리 퍼뜨림[播]. 백제는 불교를 일본에 전파했다.
  ❷ 물리 파동이 매질 속을 퍼져 가는 일.
- **심령 心靈** | 마음 심, 심령 령 [spirit; soul] 마음[心]속의 영혼(靈魂). 정신의 근원이 되는 의식의 본바탕.

나의 증인이 되시거니와 항상 내 기도
에 쉬지 않고 너희를 말하며
10절 어떻게 하든지 이제 하나님의
뜻 안에서 너희에게로 나아갈 좋은 길
얻기를 구하노라.
11절 내가 너희 보기를 간절히 원하
는 것은 어떤 신령(神靈)한 은사(恩
賜)를 너희에게 나누어 주어 너희를
견고하게 하려 함이니
12절 이는 곧 내가 너희 가운데서

속뜻단어
풀 이

- **신령-한 神靈-한** | 귀신 신, 혼령 령 [spiritual] ❶ 신기하고 영묘한. ❷ 정신적인, 영적인, 종교적인.
- **은사 恩賜** | 은혜 은, 줄 사 [spiritual gift] ❶ 은혜(恩惠)를 베풀어 임금이 신하나 백성에게 내려줌[賜]. 또는 그 물건
  ❷ 기독교 하나님이 준 재능

너희와 나의 믿음으로 말미암아 피차
(彼此) 안위(安慰)함을 얻으려 함이
라.
　13절 형제들아 내가 여러 번 너희에
게 가고자 한 것을 너희가 모르기를
원하지 아니하노니 이는 너희 중에서도
다른 이방인 중에서와 같이 열매를 맺
게 하려 함이로되 지금까지 길이 막혔
도다.
　14절 헬라인이나 야만인(野蠻人)이나

**속뜻단어
풀　이**

- **피:차 彼此** | 저 피, 이 차 [each other] ❶ 속뜻 저것[彼]과 이것[此]. ❷ 이쪽과 저쪽의 양쪽. 힘들기는 피차 마찬가지이다.
- **안위 安慰** | 편안할 안, 위로할 위 [safety; security] 몸을 편안(便安)하게 하고 마음을 위로(慰勞)함. 일신의 안위를 위해 남에게 폐를 끼칠 수는 없다.
- **야:만-인 野蠻人** | 들 야, 오랑캐 만, 사람 인 [barbarian; savage] 미개하여 문화 수준이 낮은[野蠻] 사람[人]. 비 미개인(未開人). 반 문명인(文明人), 문화인(文化人).

지혜 있는 자나 어리석은 자에게 다

내가 빚진 자라.

　15절 그러므로 나는 할 수 있는 대

로 로마에 있는 너희에게도 복음 전하

기를 원하노라.

　16절 내가 복음을 부끄러워하지 아니

하노니 이 복음은 모든 믿는 자에게

구원을 주시는 하나님의 능력이 됨이라.

먼저는 유대인에게요. 그리고 헬라인에

게로다.

속뜻단어 풀이

▪ **유대-인 (Judea人, 사람 인)** | [Jew] 팔레스타인 근처에 거주하는 유대(Judea) 사람들[人]. 유대국의 멸망 후에 전 세계에 흩어져 살다가 1948년 5월 이스라엘 공화국을 건설하였다. ⑪ 유태인.

▪ **헬라인 (헬라-人)** | 헬라사람. 헬라-[Greek] 유럽의 남동지역, 발칸반도의 남쪽에 있던 나라. 기독교 '그리스'를 성경에서 부르는 이름.

17절 복음에는 하나님의 의(義)가
나타나서 믿음으로 믿음에 이르게 하나
니 기록된 바 오직 의인은 믿음으로
말미암아 살리라 함과 같으니라.
18절 하나님의 진노(震怒)가 불의로
진리를 막는 사람들의 모든 경건(敬虔)
하지 않음과 불의에 대하여 하늘로부터
나타나니
19절 이는 하나님을 알 만한 것이
그들 속에 보임이라. 하나님께서 이를

**속뜻단어
풀   이**
- **의:義** | 옳을 의 [justice; morality] 사람으로서 행하여야 할 바른 도리. 그는 의를 지키기 위해 목숨을 바쳤다. ㉯ 불의(不義).
- **진:노 震怒** | 벼락 진, 성낼 노 [be enraged; be fill with wrath] 존엄한 존재가 벼락[震]같이 크게 성냄[怒]. 신의 진노를 부르다
 / 할아버지가 몹시 진노하셨다.
- **경:건 敬虔** | 공경할 경, 정성 건 [devout; pious] 공경(恭敬)하는 마음으로 삼가며[虔] 조심성이 있다. 경건한 마음으로 기도를 드리다.

그들에게　보이셨느니라.

　20절　창세로부터　그의　보이지　아니하는　것들　곧　그의　영원하신　능력과　신성(神聖)이　그가　만드신　만물에　분명히　보여　알려졌나니　그러므로　그들이　핑계하지　못할지니라.

　21절　하나님을　알되　하나님을　영화(榮華)롭게도　아니하며　감사하지도　아니하고　오히려　그　생각이　허망(虛妄)하여지며　미련한　마음이　어두워졌나니

15
로마서
1장

- **신성 神聖** | 귀신 신, 거룩할 성 [be holy] ❶ 속뜻 신(神)과 같이 거룩함[聖]. ❷ 매우 거룩하고 존귀함. 신성을 모독하다 / 결혼은 신성한 것이다.
- **영화 榮華** | 꽃필 영, 꽃 화 [prosperity; splendor; luxury] ❶ 속뜻 꽃[華]을 활짝 피움[榮]. ❷ 몸이 귀하게 되어 이름이 세상에 빛남. 부귀와 영화를 누리다.
- **허망 虛妄** | 빌 허, 헛될 망 [vain] ❶ 속뜻 실속 없고[虛] 헛됨[妄]. ❷ 거짓이 많아 미덥지 않음. 쓸데없이 허망한 소리를 하고 다니다. ❸ 어이없고 허무함. 한창 일할 나이에 허망하게 죽고 말았다.

22절 스스로 지혜 있다 하나 어리석
게 되어

23절 썩어지지 아니하는 하나님의 영
광을 썩어질 사람과 새와 짐승과 기어
다니는 동물 모양의 우상(偶像)으로
바꾸었느니라.

24절 그러므로 하나님께서 그들을 마
음의 정욕(情慾)대로 더러움에 내버려
두사 그들의 몸을 서로 욕되게 하게
하셨으니

속뜻단어 풀이

- **우상 偶像** | 허수아비 우, 모양 상 [idol] ❶ 속뜻 허수아비[偶]같은 모양[像]. ❷ 신처럼 숭배의 대상이 되는 물건이나 사람.
  그는 어린이들의 우상이다.
- **정욕 情慾** | 사랑 정, 욕심 욕 [sexual desire; lust; passions] 정사(情事)에 대한 욕망(慾望). 이성의 육체에 대하여 느끼는 성적 욕망.
  정욕을 억제하다 / 정욕에 사로잡히다. 回 성욕

25절 이는 그들이 하나님의 진리를 거짓 것으로 바꾸어 피조물(被造物)을 조물주(造物主)보다 더 경배하고 섬김이라. 주는 곧 영원히 찬송할 이시로다. 아멘.

26절 이 때문에 하나님께서 그들을 부끄러운 욕심에 내버려 두셨으니 곧 그들의 여자들도 순리(順理)대로 쓸 것을 바꾸어 역리로 쓰며

27절 그와 같이 남자들도 순리(順理)

속뜻단어
풀　　이

- **피:조-물 被造物** | 당할 피, 만들 조, 만물 물 [creation] ❶ 속뜻 만들어[造]지게[被] 된 만물(萬物). ❷ '우주의 삼라만상'을 이르는 말.
- **조:물-주 造物主** | 만들 조, 만물 물, 주인 주 [God; the Creator] 우주의 만물(萬物)을 만든[造] 신[主]. 산을 보니 조물주의 오묘한 조화가 실감난다.
- **순:리 順理** | 따를 순, 이치 리 [submission to reason] 이치(理致)를 따름[順]. 또는 그렇게 따른 이치. 자연의 순리에 따르다.

대로 여자 쓰기를 버리고 서로 향하여
음욕(淫慾)이 불 일듯 하매 남자가
남자와 더불어 부끄러운 일을 행하여
그들의 그릇됨에 상당한 보응(報應)을
그들 자신이 받았느니라.
28절 또한 그들이 마음에 하나님 두
기를 싫어하매 하나님께서 그들을 그
상실한 마음대로 내버려 두사 합당(合
當)하지 못한 일을 하게 하셨으니
29절 곧 모든 불의, 추악, 탐욕,

속뜻단어
풀   이

▪ **음욕 淫慾** | 음란할 음, 욕심 욕 [carnal desire; sexual appetite] ❶ 속뜻 음탕(淫蕩)한 욕심(慾心). ❷ 남녀간의 정욕(情慾).
❸ 호색(好色)하는 마음.
▪ **보응 報應** | 갚을 보, 응할 응 [retribution, nemesis] 착한 일과 악한 일이 그 원인과 결과에 따라 대갚음을 받음.
▪ **합당 合當** | 맞을 합, 마땅 당 [suitable] 어떤 기준이나 조건에 맞아서[合] 적당(適當)하다. 합당한 방법. 비 적합(適合)하다.
반 부당(不當)하다.

악의가 가득한 자요 시기, 살인, 분쟁, 사기, 악독이 가득한 자요 수군수군하는 자요

30절 비방(誹謗)하는 자요 하나님께서 미워하시는 자요 능욕(凌辱)하는 자요 교만한 자요 자랑하는 자요 악을 도모하는 자요 부모를 거역하는 자요

31절 우매한 자요 배약(背約)하는 자요 무정한 자요 무자비한 자라.

32절 그들이 이같은 일을 행하는 자

속뜻단어 풀이

- **비방 誹謗** | 헐뜯을 비, 헐뜯을 방 [slander; abuse] 남을 헐뜯음[誹=謗]. 나쁘게 말함. 온갖 비방과 욕설을 서슴지 않다.
- **능욕 凌辱** | =, 깔볼 릉, 욕될 욕 [insult; offer (a person) an insult] ❶ **속뜻** 남을 업신여겨[凌] 욕보임[辱]. 약자를 능욕하는 것은 강자의 도리가 아니다. ❷ 폭력으로 여자를 욕보임. 치한에게 능욕을 당하다.
- **배약 背約** | 등 배(배반할 배), 맺을 약 [Faithless] 약속을 어겨서 저버림.

｜는｜　｜사｜형｜（｜死｜刑｜）｜에｜　｜해｜당｜（｜該｜當｜）｜한｜다｜고｜

｜하｜나｜님｜께｜서｜　｜정｜하｜심｜을｜　｜알｜고｜도｜　｜자｜기｜들｜만｜

｜행｜할｜　｜뿐｜　｜아｜니｜라｜　｜또｜한｜　｜그｜런｜　｜일｜을｜　｜행｜하｜

｜는｜　｜자｜들｜을｜　｜옳｜다｜　｜하｜느｜니｜라｜.｜

20

로마서
1장

**속뜻단어
풀　이**

- **사:형 死刑** | 죽을 사, 형벌 형 [condemn to death; put to death] 죄인을 죽이는[死] 형벌(刑罰). 사형을 선고하다.
- **해당 該當** | 그 해, 당할 당 [aplicable to] 바로 그것에[該] 관계됨[當]. 관계되는 그것. 해당 조건 / 해당 분야.

1. 우리가 믿어야 하는 '복음'은 하나님의 약속이라고 하는데, 이 복음에 대한 중요한 세 가지 사실을 찾아보세요.

　　☞ 이 복음은 하나님이 ❶ (　　　　　)들을 통하여 ❷ 그의 (　　　)에

관하여 ❸ (　　　)에 미리 '약속'하신 것이라.(2절)

　　·인간이 범하는 죄에 대하여 성경은 ❶ 우상숭배(21-23절), ❷ 성적인 타락(24-27절), ❸ 인격의 파탄(28-32절) 등 세 가지 유형으로 나누어서 설명하고 있다.

2. 우리가 복음과 복음 전하는 것을 부끄러워하지 말아야 하는 이유가 있다고 성경은 말씀합니다 (16-17절). 왜 우리 인류에게는 복음을 믿는 것 외에는 사는 길이 없다고 '복음'이 선언할까요? 아래 빈 칸을 채우면서 잠시 생각해보세요.

　　☞ (왜냐하면) 하나님의 '진노'가 불의로 진리를 막는 사람들의 모든

(　　　)하지 않음과 (　　　　)에 대하여 '하늘로부터' 나타나나니 (18절)

로마서 이해문제

내가 복음을 부끄러워하지 아니하노니 이 복음은 모든 믿는 자에게 구원을 주시는 하나님의 능력이 됨이라
먼저는 유대인에게요 그리고 헬라인에게로다 복음에는 하나님의 의가 나타나서 믿음으로 믿음에
이르게 하나니 기록된 바 오직 의인은 믿음으로 말미암아 살리라 함과 같으니라
[로마서 1:16-17]

제 2장

로마서 2장은 사람들이 회개하고 복음을 믿음으로써 하나님께 나아오기를
거부하는 것과 이러한 불신앙의 결과로 불법을 행하는 사람들의
행위를 하나님이 심판하실 것이라고 경고하고 있다.

　1절　그러므로　남을　판단하는　사람아,
누구를　막론(莫論)하고　네가　핑계하지
못할　것은　남을　판단하는　것으로　네가
너를　정죄(定罪)함이니　판단하는　네가
같은　일을　행함이니라.
　2절　이런　일을　행하는　자에게　하나
님의　심판이　진리대로　되는　줄　우리가
아노라.
　3절　이런　일을　행하는　자를　판단하
고도　같은　일을　행하는　사람아,　네가

속뜻단어 풀이

- **막론 莫論** | 없을 막, 말할 론 [be a matter of course; be needless to say] ❶ 속뜻 말할[論]할 것조차 없음[莫]. ❷ 이것저것 따지고 가려 말하지 않다. 오늘은 누구를 막론하고 먼저 갈 수 없다.
- **정죄 定罪** | 정할 정, 허물 죄[condemn] 죄가 있는 것으로 판정함.

하나님의 심판을 피할 줄로 생각하느냐?

4절 혹 네가 하나님의 인자하심이

너를 인도하여 회개하게 하심을 알지

못하여 그의 인자하심과 용납(容納)하

심과 길이 참으심이 풍성함을 멸시하느

냐?

5절 다만 네 고집과 회개하지 아니

한 마음을 따라 진노의 날 곧 하나님

의 의로우신 심판(審判)이 나타나는

그 날에 임할 진노를 네게 쌓는도다.

25
로마서
2장

속뜻단어 풀이

- **용납 容納** | 담을 용, 들일 납 [tolerate; permit] 너그러운 마음으로 포용(包容)하여 받아들임[納]. 너의 그런 무례한 행동은 도저히 용납할 수 없다.
- **심:판 審判** | 살필 심, 판가름할 판 [judge] ❶ 속뜻 문제가 되는 안건을 심의(審議)하여 판결(判決)을 내리는 일. 법의 심판을 받다 / 공정하게 심판하다. ❷ 운동 운동 경기에서 규칙의 적부 여부나 승부를 판정함. 또는 그런 일이나 사람. 축구 심판.

6절 하나님께서 각 사람에게 그 행
한 대로 보응하시되

7절 참고 선을 행하여 영광과 존귀
와 썩지 아니함을 구하는 자에게는 영
생으로 하시고

8절 오직 당을 지어 진리를 따르지
아니하고 불의를 따르는 자에게는 진노
와 분노로 하시리라.

9절 악을 행하는 각 사람의 영에는
환난(患難)과 곤고(困苦)가 있으리니

속뜻단어
풀   이

- **환:난 患難** | 근심 환, 어려울 난 [hardships; distress; misfortune] 근심[患]과 재난(災難). 환난을 겪다 / 환난을 극복하다.
- **곤고 困苦** | 곤할 곤, 쓸 고 [hardships] 형편이나 처지 따위가 딱하고 어려움.

먼저는 유대인에게요 그리고 헬라인에게
며

　10절 선을 행하는 각 사람에게는 영
광과 존귀(尊貴)와 평강이 있으리니
먼저는 유대인에게요 그리고 헬라인에게
라.
　11절 이는 하나님께서 외모(外貌)로
사람을 취하지 아니하심이라.
　12절 무릇 율법 없이 범죄한 자는
또한 율법 없이 망하고 무릇 율법이

27
로마서
2장

속뜻단어
풀　이

- **존귀 尊貴** | 높을 존, 귀할 귀 [be high and noble] 지위나 신분이 높고[尊] 귀(貴)함. 이 세상 사람들은 모두 존귀하다. Ⓑ 비천(卑賤).
- **외:모 外貌** | 밖 외, 모양 모 [appearance] 겉[外]으로 드러나 보이는 모양[貌]. 외모가 번듯한 기와집들 / 사람을 외모로 판단해서는 안 된다. Ⓑ 겉모습.

있고 범죄한 자는 율법으로 말미암아

심판을 받으리라.

13절 하나님 앞에서는 율법을 듣는

자가 의인이 아니요 오직 율법을 행하

는 자라야 의롭다 하심을 얻으리니

14절 (율법 없는 이방인이 본성(本

性)으로 율법의 일을 행할 때에는 이

사람은 율법이 없어도 자기가 자기에게

율법이 되나니

15절 이런 이들은 그 양심(良心)이

속뜻단어 풀이
- **본성 本性** | 뿌리 본, 성질 성 [original nature] 사람의 타고난 본래(本來)의 성질(性質). 인간은 선한 본성을 가지고 있다. 📵 천성(天性).
- **양심 良心** | 어질 량, 마음 심 [conscience] ❶ 속뜻 선량(善良)한 마음[心]. ❷ 사물의 가치를 변별하고 자기 행위에 옳고 그름과 선과 악의 판단을 내리는 도덕적 의식. 양심에 걸려서 거짓말은 못하겠다.

증거가 되어 그 생각들이 서로 혹은 고발하며 혹은 변명(辨明)하여 그 마음에 새긴 율법의 행위를 나타내느니라.)

16절 곧 나의 복음에 이른 바와 같이 하나님이 예수 그리스도로 말미암아 사람들의 은밀(隱密)한 것을 심판하시는 그 날이라.

17절 유대인이라 불리는 네가 율법을 의지하며 하나님을 자랑하며

18절 율법의 교훈을 받아 하나님의

**속뜻단어
풀   이**

▪ **변:명 辨明** | 가릴 변, 밝을 명 [explain oneself; make an excuse] ❶ 속뜻 옳고 그름을 가리어[辨] 사리를 밝힘[明]. 변명의 상소를 하다. ❷ 자신의 잘못이나 실수에 대하여 구실을 대며 그 까닭을 말함. 변명을 늘어놓다.
▪ **은밀 隱密** | 숨길 은, 몰래 밀 [secret; covert] 숨어서[隱] 몰래[密]. 또는 남몰래. 그는 나에게 은밀히 말했다.

뜻을 알고 지극히 선한 것을 분간(分揀)하며
19절 맹인(盲人)의 길을 인도하는 자요 어둠에 있는 자의 빛이요
20절 율법에 있는 지식과 진리의 모본(模本)을 가진 자로서 어리석은 자의 교사요 어린 아이의 선생이라고 스스로 믿으니
21절 그러면 다른 사람을 가르치는 네가 네 자신은 가르치지 아니하느냐?

30
로마서
2장

속뜻단어 풀이

- **분간 分揀 |** 나눌 분, 가릴 간 [distinguish] ❶ 속뜻 사물이나 사람의 옳고 그름, 좋고 나쁨 따위와 그 정체를 구별하거나[分] 가려서 [揀] 앎. 자세히 보면 좋은 사람인지 나쁜 사람인지 분간할 수 있다. ❷ 어떤 대상이나 사물을 다른 것과 구별하여 냄. 진짜 보석과 가짜 보석의 분간은 전문가만이 할 수 있다.
- **맹인 盲人 |** 눈멀 맹, 사람 인 [blind] 눈이 먼[盲] 사람[人]. 맹인을 위한 점자책을 만들다. 비 봉사, 소경, 장님, 맹자(盲者).
- **모본 模本 |** 본보기 모, 본보기 본 [example; model; imitation] ❶ 속뜻 본보기[模=本]. ❷ 모형(模型). ❸ 모방(模倣).

도둑질하지　말라　선포하는　네가　도둑질

하느냐？

　22절　간음（姦淫）하지　말라　말하는

네가　간음하느냐？　우상을　가증（可憎）

히　여기는　네가　신전　물건을　도둑질하

느냐？

　23절　율법을　자랑하는　네가　율법을

범함으로　하나님을　욕되게　하느냐？

　24절　기록된　바와　같이　하나님의　이

름이　너희　때문에　이방인　중에서　모독

속뜻단어 풀　　이

- **간:음 姦淫** | 간음할 간, 음란할 음 [commit adultery (with)] 부부가 아닌 남녀가 음탕하게[姦] 성 관계를 맺음[淫].
- **가:증 可憎** | 가히 가, 미워할 증 [hateful; wretched] 가히[可] 미워할[憎] 만큼 얄밉다. 범인은 가증스러운 얼굴로 웃고 있었다.

을   받는도다.

　25절　네가　율법을　행하면　할례(割禮)
가　유익하나　만일　율법을　범하면　네
할례는　무할례가　되느니라.
　26절　그런즉　무할례자가　율법의　규례
(規例)를　지키면　그　무할례를　할례와
같이　여길　것이　아니냐?
　27절　또한　본래　무할례자가　율법을
온전히　지키면　율법　조문과　할례를　가
지고　율법을　범하는　너를　정죄하지　아

속뜻단어 풀이

- **할례 割禮** | 나눌 할, 예도 례 [Circumcision] ❶ 남성 성기의 포피 끝을 잘라버리는 의식. ❷ 할례는 하나님의 명령으로 이스라엘에게 행해진 할례는 하나님과 이스라엘 사이의 언약의 표증이었으며 이스라엘이 하나님께 선택되어 언약을 맺은 백성으로서 하나님께 순종하고 헌신하겠다는 약속의 상징이었다.
- **규례 規例** | 법 규, 법식 례 [rules and regulations] 일정한 규칙(規則)과 정해진 관례(慣例). 예전의 규례대로 의식을 거행하다.

니 하 겠 느 냐 ?

　28 절 　 무 릇 　 표 면 적 （ 表 面 的 ） 　 유 대 인 이

유 대 인 이 　 아 니 요 　 표 면 적 　 육 신 의 　 할 례 가

할 례 가 　 아 니 니 라 .

　29 절 　 오 직 　 이 면 （ 裏 面 ） 적 　 유 대 인 이

유 대 인 이 며 　 할 례 는 　 마 음 에 　 할 지 니 　 영 에

있 고 　 율 법 　 조 문 （ 條 文 ） 에 　 있 지 　 아 니 한

것 이 라 . 　 그 　 칭 찬 이 　 사 람 에 게 서 가 　 아 니

요 　 다 만 　 하 나 님 에 게 서 니 라 .

**속뜻단어
풀　　이**

- **표면-적 表面的** | 겉 표, 쪽 면, 것 적 [superficial; apparent] 겉[表面]으로 드러난 것[的]. 표면적 이유 / 표면적 현상.
- **이:면 裏面** | 속 리, 쪽 면 [back; other side] ❶ 속뜻 물체의 안쪽[裏]에 있는 면(面). 공사 중이니 이면 도로로 우회(迂回)하십시오.
  ❷ 겉으로 드러나지 않은 속사정. 한국의 경제성장의 이면에는 사회적 불평등이 있다. 뗀 표면(表面).
- **조문 條文** | 조목 조, 글월 문 [provisions] 규정이나 법령 따위에서 조목(條目)으로 나누어 적은 글[文]. 조문에 명시된 대로 일을
  처리하세요.

1. 예수 그리스도에 관한 복음을 믿고 회개하여 하나님께 나아오기를 거부하는 사람들에게 주는 성경의 경고는 무엇인가요?

☞ 혹 네가 하나님의 인자하심이 너를 인도하여 (   )하게 하심을 알지 못하여

그의 인자하심과 용납하심과 길이 참으심이 풍성함을 (   )하느냐! (4절)

2. 하나님께서 사람들을 심판하시는 근거는 무엇인가요? 본문 말씀을 잘 읽고 답해보세요.

☞ 악을 (   ) 각 사람의 영에는 환난과 곤고가 있으리니...

선을 (   ) 각 사람에게는 영광과 존귀와 평강이 있으리니,

먼저는 유대인에게요, 그리고 헬라인에게라. (9-10절)

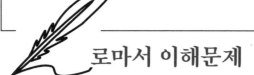

로마서 이해문제

제 3장

로마서 3장은 모든 사람이 하나님께 범죄하여 타락한 결과로 스스로는 자신을
구원할 수 없기 때문에 하나님께서 직접 예수 그리스도의 십자가와 부활을 통해
인류의 죄가 용서받고 구원받을 수 있도록 길을 여셨다고 선언한다.

年　　月　　日

1절 그런즉 유대인의 나음이 무엇이며 할례의 유익이 무엇이냐?

2절 범사(凡事)에 많으니 우선은 그들이 하나님의 말씀을 맡았음이니라.

3절 어떤 자들이 믿지 아니하였으면 어찌하리요 그 믿지 아니함이 하나님의 미쁘심을 폐하겠느냐?

4절 그럴 수 없느니라. 사람은 다 거짓되되 오직 하나님은 참되시다 할지어다. 기록된 바 주께서 주의 말씀에

36
로마서
3장

속뜻단어
풀   이

- **범:사 凡事** | 무릇 범, 일 사 [all matters; common affair] ❶ 속뜻 모든[凡] 일[事]. 범사에 감사하라. ❷ 평범한 일. 일상 범사가 똑같이 되풀이 되었다.
- **미쁘심 - 미쁘다** | [faithful, trustworthy] 믿음성이 있음. 비 미덥다, 믿음직스럽다, 진실하다

의롭다 함을 얻으시고 판단(判斷) 받
으실 때에 이기려 하심이라 함과 같으
니라.
　5절 그러나 우리 불의(不義)가 하
나님의 의를 드러나게 하면 무슨 말
하리요 [내가 사람의 말하는 대로 말
하노니] 진노를 내리시는 하나님이 불
의(不義)하시냐?
　6절 결코 그렇지 아니하니라. 만일
그러하면 하나님께서 어찌 세상을 심판

속뜻단어
풀　이

▪ **판단 判斷** | 판가름할 판, 끊을 단 [judge; decide; conclude] 판가름하여[判] 단정(斷定)함. 정확한 판단을 내리다
／ 너무 성급하게 판단하지 마라.
▪ **불의 不義** | 아닐 불, 옳을 의 [immorality] 옳지[義] 아니한[不] 일. 나는 불의를 보면 참지 못한다. ㉤ 정의(正義).

하시리요

7절 그러나 나의 거짓말로 하나님의
참되심이 더 풍성(豊盛)하여 그의 영
광이 되었다면 어찌 내가 죄인처럼 심
판을 받으리요?

8절 또는 그러면 선을 이루기 위하
여 악을 행하자 하지 않겠느냐? 어떤
이들이 이렇게 비방하여 우리가 이런
말을 한다고 하니 그들은 정죄 받는
것이 마땅하니라.

**속뜻단어
풀   이**

- **풍성 豊盛** | 넉넉할 풍, 가득할 성 [be abundant; plentiful] ❶ **속뜻** 넉넉하고[豊] 가득함[盛]. ❷ 넉넉하고 많음. 풍성하게 맺은 열매.
- **마땅-하다 (當, 마땅 당; 宜, 마땅할 의)** | [suitable; right; proper] ❶ 사물이 어떤 조건에 잘 어울리게 알맞다. 마땅한 일자리가 없다.
  ❷ 그렇게 하거나 되는 것이 옳다. 비난받아 마땅하다 / 마땅히 지켜야할 도리. 🔵 적합(適合)하다, 상당(相當)하다, 당연(當然)하다.
  🔴 못마땅하다, 마땅찮다.

9	절		그	러	면		어	떠	하	냐	?		우	리	는		나	으
냐	?		결	코		아	니	라	.		유	대	인	이	나		헬	라	인
이	나		다		죄		아	래	에		있	다	고		우	리	가		이
미		선	언	(	宣	言	)	하	였	느	니	라	.						
	10	절		기	록	된		바		의	인	은		없	나	니		하	나
도		없	으	며															
	11	절		깨	닫	는		자	도		없	고		하	나	님	을		찾
는		자	도		없	고													
	12	절		다		치	우	쳐		함	께		무	익	(	無	益	)	하
게		되	고		선	을		행	하	는		자	는		없	나	니		하

39
로마서
3장

속뜻단어
풀   이

- **선언 宣言** | 알릴 선, 말씀 언 [declare; make a declaration] ❶ 속뜻 여러 사람에게 분명하게 알리고자[宣] 하는 말[言].
  ❷ 국가나 단체가 방침, 주장 따위를 정식으로 공표함. 독립 선언.
- **무익 無益** | 없을 무, 더할 익 [useless; futile] 이익(利益)이 없음[無]. 담배는 무익하다. (반) 유익(有益)하다.

나도 없도다.

13절 그들의 목구멍은 열린 무덤이요 그 혀로는 속임을 일삼으며 그 입술에는 독사의 독이 있고

14절 그 입에는 저주(詛呪)와 악독(惡毒)이 가득하고

15절 그 발은 피 흘리는 데 빠른지라.

16절 파멸(破滅)과 고생이 그 길에 있어

40
로마서
3장

속뜻단어
풀   이
- **저:주 詛呪** | 욕할 저, 빌 주 [curse; execrate] 미운 이에게 욕하며[詛] 재앙이나 불행이 닥치기를 빎[呪]. 저주의 말을 퍼붓다. (반) 축복(祝福).
- **악독 惡毒** | 악할 악, 독할 독 [vicious] 마음이 흉악(凶惡)하고 독살(毒煞)스러움. 장희빈은 악독한 짓을 서슴지 않았다.
- **파:멸 破滅** | 깨뜨릴 파, 없어질 멸 [be ruined; be wrecked] 완전히 깨어져[破] 없어짐[滅]. 지나친 욕심이 그의 파멸을 가져왔다
  / 인류는 전쟁 때문에 파멸할 것이다.

17절　평강의　길을　알지　못하였고

18절　그들의　눈　앞에　하나님을　두려

워함이　없느니라　함과　같으니라.

19절　우리가　알거니와　무릇　율법이

말하는　바는　율법　아래에　있는　자들에

게　말하는　것이니　이는　모든　입을　막

고　온　세상（世上）으로　하나님의　심판

아래에　있게　하려　함이라.

20절　그러므로　율법의　행위로　그의

앞에　의롭다　하심을　얻을　육체가　없나

속뜻단어
풀　　이

■ **무릇 (凡, 무릇 범)** | [generally speaking] 종합하여 살펴보건대. 대체로 보아. 回 대범(大凡), 대저(大抵).
■ **세:상 世上** | 세간 세, 위 상 [world; society] ❶ 속뜻 사람들[世]이 살고 있는 지구 위[上]. ❷ 인간이 활동하거나 생활하고 있는 사회.
그는 세상이 어떻게 돌아가는지 모른다. ❸ 제 마음대로 판을 치며 자유롭게 활동할 수 있는 무대. 여기는 완전히 내 세상이다.

니 	율법으로는 	죄를 	깨달음이니라.

21절 	이제는 	율법 	외에 	하나님의 	한

의가 	나타났으니 	율법과 	선지자들에게

증거(證據)를 	받은 	것이라.

22절 	곧 	예수 	그리스도를 	믿음으로

말미암아 	모든 	믿는 	자에게 	미치는 	하

나님의 	의니 	차별(差別)이 	없느니라.

23절 	모든 	사람이 	죄를 	범하였으매

하나님의 	영광에 	이르지 	못하더니

24절 	그리스도 	예수 	안에 	있는 	속량

**속뜻단어
풀   이**

- **증거 證據** | 증명할 증, 근거할 거 [evidence, proof] ❶ 어떤 사실을 증명할 수 있는 근거. ❷ 법률 법원이 재판의 기초가 될 사실을 인정하기 위하여 필요로 하는 재료. 인적 증거, 물적 증거, 상황 증거가 있다.
- **차별 差別** | 다를 차, 나눌 별 [discriminate against] ❶ 속뜻 다르게[差] 나눔[別]. ❷ 차등이 있게 구별함. 인종 차별 / 이 제품은 품질부터 차별된다. 딴 평등(平等).

으	로		말	미	암	아		하	나	님	의		은	혜	로		값		없
이		의	롭	다		하	심	을		얻	은		자		되	었	느	니	라 .
	25	절		이		예	수	를		하	나	님	이		그	의		피	로
써		믿	음	으	로		말	미	암	는		화	목	제	물	(	和	睦	祭
物	)	로		세	우	셨	으	니		이	는		하	나	님	께	서		길
이		참	으	시	는		중	에		전	에		지	은		죄	를		간
과	(	看	過	)	하	심	으	로		자	기	의		의	로	우	심	을
나	타	내	려		하	심	이	니											
	26	절		곧		이		때	에		자	기	의		의	로	우	심	을
나	타	내	사		자	기	도		의	로	우	시	며			또	한		예	수

43
로마서
3장

속뜻단어 풀이

- **화목제물 和睦祭物** | 화할 화, 화목할 목, 제사 제, 물건 물 [Peace offering] 죄로 인하여 깨어진, 피조물과 하나님과의 관계를 회복하기 위하여 바치는 제물. 십자가에 못 박혀 죽은 예수를 이름.
- **간과 看過** | 볼 간, 지날 과 [overlook] ❶ 속뜻 대강 보아[看] 넘김[過]. ❷ 관심 없이 예사로이 보아 내버려 둠. 이 문제는 간과할 일이 아니다.

믿는　자를　의（義）롭다　하려　하심이라.

　27절　그런즉　자랑할　데가　어디냐?

있을　수가　없느니라.　무슨　법으로냐?

행위로냐?　아니라　오직　믿음의　법으로

니라.

　28절　그러므로　사람이　의롭다　하심을

얻는　것은　율법의　행위（行爲）에　있지

않고　믿음으로　되는　줄　우리가　인정

（認定）하노라.

　29절　하나님은　다만　유대인의　하나님

속뜻단어 풀이
- **의:-롭다 (義―, 옳을 의)** | [rightful; righteous] 떳떳하고 옳다[義]. 의로운 죽음.
- **행위 行爲** | 행할 행, 할 위 [act] 행동(行動)을 함[爲]. 특히, 자유의사에 따라서 하는 행동을 이른다. 행위예술 / 불법행위. 비 행동(行動).
- **인정 認定** | 알 인, 정할 정 [admit] 확실히 알아서[認] 그렇게 결정(決定)함. 나는 그의 정직함만은 인정해 주고 싶어 / 그녀는 자신의 잘못을 인정했다.

이시냐? 또한 이방인의 하나님은 아니

시냐? 진실로 이방인의 하나님도 되시

느니라.

30절 할례자도 믿음으로 말미암아 또

한 무할례자도 믿음으로 말미암아 의롭

다 하실 하나님은 한 분이시니라.

31절 그런즉 우리가 믿음으로 말미암

아 율법을 파기(破棄)하느냐? 그럴

수 없느니라. 도리어 율법(律法)을

굳게 세우느니라.

속뜻단어 풀 이

- **파:기 破棄** | 깨뜨릴 파, 버릴 기 [destroy; cancel; annul] ❶ **속뜻** 깨뜨려[破] 없애 버림[棄]. ❷ **법률** 계약이나 조약, 약속 따위를 취소하여 무효로 함. ❸ **법률** 사후심(事後審) 법원이 상소 이유가 있다고 인정하여 원심 판결을 취소하는 일.
- **율법 律法** | 법칙 률, 법 법 [law; rule] ❶ **속뜻** 규범[律]과 법[法]. ❷ **기독교** 하나님이 인간에게 지키도록 내린 규범을 이르는 말.

1. 인간은 자신의 노력이나 선행으로 구원받을 수 없는 '죄인'이라고 성경은 선언합니다(9-19절). '십계명' 같은 율법을 지키는 것으로도 구원받을 수 없습니다. 그렇다면 율법이나 양심(2:14-15)이 가지고 있는 기능이나 역할은 무엇일까요?

☞ 그러므로 율법의 행위로 그의 앞에 의롭다 하심을 얻을 육체가 없나니,

율법으로는 죄를 (   )이니라. (20절)

2. 성경은 "율법 외에 한 의가 나타나서" 모든 사람은 "우리 대신에 우리의 죄를 속죄하신 예수 그리스도를 믿음으로써 의롭다 하심(구원)을 얻는"다고 선포합니다(21-24절). 이것이 어떻게 가능하게 되었는지 아래 말씀을 읽고 생각해봅시다.

☞ 이 예수를 하나님이 그의 (   )로써 믿음으로 말미암는 (   )로

세우셨으니, 이는 하나님께서 길이 참으시는 중에 전에 지은 죄를 간과하심

-우리의 죄를 지나쳐 용서하심-으로 자기의 의로우심을 나타내려 하심이니...

또한 예수 믿는 자를 (   ) 하려 하심이라. (25-26절)

로마서 이해문제

제 4장

로마서 4장은 사람이 오직 믿음으로써 구원받게 되는 복음의 진리가
이미 구약의 아브라함 시대로부터 알려졌다는 사실과 함께 그리스도인이 믿는
하나님이 어떤 분이신지를 알려주고 있다.

1절 그런즉 육신(肉身)으로 우리 조상인 아브라함이 무엇을 얻었다 하리요?

2절 만일 아브라함이 행위로써 의롭다 하심을 받았으면 자랑할 것이 있으려니와 하나님 앞에서는 없느니라.

3절 성경이 무엇을 말하느냐? 아브라함이 하나님을 믿으매 그것이 그에게 의로 여겨진 바 되었느니라.

4절 일하는 자에게는 그 삯이 은혜

속뜻단어
풀 이

▪ **육신 肉身** | 몸 육, 몸 신 [body] 구체적인 물체인 사람의 몸[肉=身]. 육신의 고통을 견디다. ⓑ 육체(肉體). ⓟ 영혼(靈魂).

▪ **삯** | [wages] ❶ 일한 데 대한 품값으로 주는 돈이나 물건. ❷ 어떤 물건이나 시설을 이용하고 주는 돈.

로　여겨지지　아니하고　보수（報酬）로
여겨지거니와
　5절　일을　아니할지라도　경건（敬虔）
하지　아니한　자를　의롭다　하시는　이를
믿는　자에게는　그의　믿음을　의로　여기
시나니
　6절　일한　것이　없이　하나님께　의로
여기심을　받는　사람의　복에　대하여　다
윗이　말한　바
　7절　불법이　사（赦）함을　받고　죄가

속뜻단어 풀이

- **보:수 報酬** | 갚을 보, 갚을 수 [reward; remuneration; pay] ❶ 속뜻 고마움에 보답(報答)하여 갚음[酬]. ❷ 일한 대가로 주는 돈이나 물품. 또는 그 금품. 직급이 올라가면 보수도 올라간다.
- **경:건 敬虔** | 공경할 경, 정성 건 [devout; pious] 공경(恭敬)하는 마음으로 삼가며[虔] 조심성이 있다. 경건한 마음으로 기도를 드리다.
- **사하다 (赦-, 용서할 사)** | [pardon; forgive] 지은 죄를 용서하다[赦]. 저의 죄를 사하여 주소서.

가 리 어 짐 을 　 받 는 　 사 람 들 은 　 복 이 　 있 고

8 절 　 주 께 서 　 그 　 죄 를 　 인 정 하 지 　 아 니

하 실 　 사 람 은 　 복 (福) 이 　 있 도 다 　 함 과

같 으 니 라 .

9 절 　 그 런 즉 　 이 　 복 (福) 이 　 할 례 자 에

게 냐 ? 　 혹 은 　 무 할 례 자 에 게 도 냐 ? 　 무 릇

우 리 가 　 말 하 기 를 　 아 브 라 함 에 게 는 　 그 　 믿

음 이 　 의 (義) 로 　 여 겨 졌 다 　 하 노 라 .

10 절 　 그 런 즉 　 그 것 이 　 어 떻 게 　 여 겨 졌 느

냐 ? 　 할 례 시 냐 ? 　 무 할 례 시 냐 ? 　 할 례 시 가

50
로마서
4장

속뜻단어
풀   이

- **복 福** | 복 복 [fortune; luck; blessing] ❶ 삶에서 누리는 좋고 만족할 만한 행운 또는 거기서 얻는 행복.
  ❷ 배당되는 몫이 많음의 비유. 먹을 복이 많다. ㊥ 화(禍).
- **의:義** | 옳을 의 [justice; morality] 사람으로서 행하여야 할 바른 도리. 그는 의를 지키기 위해 목숨을 바쳤다. ㊥ 불의(不義).

아니요　무할례시니라.

　11절　그가　할례의　표를　받은　것은

무할례시에　믿음으로　된　의를　인（印）

친　것이니　이는　무할례자로서　믿는　모

든　자의　조상이　되어　그들도　의로　여

기심을　얻게　하려　하심이라.

　12절　또한　할례자의　조상이　되었나니

곧　할례　받을　자에게뿐　아니라　우리

조상　아브라함이　무할례시에　가졌던　믿

음의　자취를　따르는　자들에게도　그러하

속뜻단어
풀　　이

- **인치다 印치다 |** 도장 인( )-치다 [seal; certify] 도장을 찍어 보증하다, 증명하다.
- **자취 (迹=蹟=跡, 자취적) |** [trace; vestige; tracks] 어떤 것이 남기고 간 흔적. 자취를 감추다. 비 흔적(痕跡).

니라.

13절 아브라함이나 그 후손에게 세상의 상속자(相續者)가 되리라고 하신 언약(言約)은 율법으로 말미암은 것이 아니요 오직 믿음의 의로 말미암은 것이니라.

14절 만일 율법에 속한 자들이 상속자이면 믿음은 헛것이 되고 약속은 파기되었느니라.

15절 율법은 진노를 이루게 하나니

속뜻단어 풀이
- **상속자 相續者** | 서로 상, 이을 속, 사람 자 [heritor] 법률 상속(相續) 받는 사람[者]. ⑪ 상속인(相續人).
- **언약 言約** | 말씀 언, 묶을 약 [make a verbal promise] 말[言]로 약속(約束)함. 또는 그런 약속. 나는 그녀와 결혼을 언약했다. ⑪ 약속(約束).

율법이 없는 곳에는 범법（犯法）도 없느니라.

16절 그러므로 상속자가 되는 그것이 은혜에 속하기 위하여 믿음으로 되나니 이는 그 약속을 그 모든 후손（後孫）에게 굳게 하려 하심이라. 율법에 속한 자에게뿐만 아니라 아브라함의 믿음에 속한 자에게도 그러하니 아브라함은 우리 모든 사람의 조상이라.

17절 기록된 바 내가 너를 많은 민

53

로마서
4장

속뜻단어
풀　　이

- **범:법 犯法** | 어길 범, 법 법 [violate the law] 법(法)을 어김[犯]. 법에 어긋나는 일을 함. 범법행위를 단속하다.
- **후:손 後孫** | 뒤 후, 손자 손 [descendants; posterity] 여러 대가 지난 뒤[後]의 자손(子孫). 그는 명문가의 후손이다. 비 자손, 후예(後裔).

족의 조상으로 세웠다 하심과 같으니
그가 믿은 바 하나님은 죽은 자를 살
리시며 없는 것을 있는 것으로 부르시
는 이시니라.
18절 아브라함이 바랄 수 없는 중에
바라고 믿었으니 이는 네 후손이 이같
으리라 하신 말씀대로 많은 민족의 조
상(祖上)이 되게 하려 하심이라.
19절 그가 백세나 되어 자기 몸이
죽은 것 같고 사라의 태(胎)가 죽은

속뜻단어 풀이

- **조상 祖上** | 할아버지 조, 위 상 [ancestor; forefather] ❶ 속뜻 선조(先祖)가 된 윗[上]세대의 어른. 우리는 조상 대대로 이 마을에서 살아왔다. ❷ 자기 세대 이전의 모든 세대. 한글에는 조상들의 슬기와 지혜가 담겨 있다. 반 자손(子孫).
- **태 胎** | 아이밸 태 [amnion and placenta] 모체(母體) 안에서 아이를 싸고 있는 조직. 태를 가르다.

것　같음을　알고도　믿음이　약하여지지

아니하고

20절　믿음이　없어　하나님의　약속을

의심하지　않고　믿음으로　견고(堅固)하

여져서　하나님께　영광(榮光)을　돌리며

21절　약속하신　그것을　또한　능히　이

루실　줄을　확신(確信)하였으니

22절　그러므로　그것이　그에게　의로

여겨졌느니라.

23절　그에게　의로　여겨졌다　기록된

**속뜻단어
풀　이**

- **견고 堅固** | 굳을 견, 굳을 고 [strong; solid] ❶ 속뜻 매우 튼튼하고[固] 단단하다[堅]. 견고한 성문을 부수다. ❷ 사상이나 의지 따위가 동요됨이 없이 확고하다. 그는 견고하게 자기의 신념을 지켰다. ㉫ 굳건하다, 견뢰하다(堅牢), 공고(鞏固), 완뢰(完牢).
- **영광 榮光** | 영화 영, 빛 광 [glory] 영화(榮華)롭게 빛[光]남. 또는 그러한 영예. 이 영광을 부모님께 돌리겠습니다 / 학교 대표로 뽑힌 것이 영광스럽다.
- **확신 確信** | 굳을 확, 믿을 신 [convinced; sure] 굳게[確] 믿음[信]. 확신에 찬 목소리.

것은 아브라함만 위한 것이 아니요

　24절 의로 여기심을 받을 우리도 위

함이니 곧 예수 우리 주를 죽은 자

가운데서 살리신 이를 믿는 자니라.

　25절 예수는 우리가 범죄(犯罪)한

것 때문에 내줌이 되고 또한 우리를

의롭다 하시기 위하여 살아나셨느니라.

속뜻단어
풀   이

▪ **범:죄 犯罪** | 범할 범, 허물 죄 [crime] ❶ 속뜻 죄(罪)를 지음[犯]. 또는 지은 죄. 범죄를 저지르다.
❷ 법률에 따라 형벌을 받아야 할 위법 행위.
▪ **내:-주다** | [hand over; give (away)] 가졌던 것을 남에게 건네주다. 거스름돈을 내주다.

1. 어떤 선행이나 도덕적 탁월함이 없어도 구원받는 사람의 '복'에 대하여 다윗이 말한 것을 다시 되새겨봅시다.

☞ 일한 것이 없이 하나님께 (　　)로 여기심을 받는 사람의 복에 대하여 다윗이

말한 바 "불법이 (　　　)을 받고 죄가 가리어짐을 받는 사람은 복이 있고,

주께서 그 죄를 인정하지 아니하실 사람은 (　　)이 있도다" 함과 같으니라. (6-8절)

2. 왜 굳이 하나님은 '믿음으로' 사람을 구원하시는지, 그들이 믿는 하나님은 어떤 분이신지 아래 말씀의 빈 칸을 채우면서 생각해보세요.

☞ 그러므로 상속자가 되는 그것이 (　　　　)에 속하기 위하여 믿음으로 되나니,

이는 그 (　　　　)을 그 모든 후손에게 굳게 하려 하심이라... 기록된 바,

그(아브라함)가 믿은 하나님은 죽은 자를 (　　　　　　), 없는 것을

있는 것으로 부르시는 이시니라... 예수는 우리가 (　　　　)한 것 때문에

내줌이 되고, 또한 우리를 (　　　　　)하시기 위하여 살아나셨느니라. (16-17, 25절)

로마서 이해문제

만일 아브라함이 행위로써 의롭다 하심을 받았으면 자랑할 것이 있으려니와 하나님 앞에서는 없느니라
성경이 무엇을 말하느냐 아브라함이 하나님을 믿으매 그것이 그에게 의로 여겨진 바 되었느니라

[로마서 4:2-3]

제 5장

로마서 5장은 신자들을 향해 죄인된 모든 인류를 사랑하신 하나님과의 화평을 추구하고 누릴
것을 격려하며 예수님께서 모든 사람들에게 베푸시는 은혜의 열매들(영원한 생명을 얻고
의로운 삶을 살며 죄에 대하여 왕 노릇함)이 무엇인지를 알려주고 있다.

1절 그러므로 우리가 믿음으로 의롭
다 하심을 받았으니 우리 주 예수 그
리스도로 말미암아 하나님과 화평(和平)
을 누리자.

2절 또한 그로 말미암아 우리가 믿
음으로 서 있는 이 은혜에 들어감을
얻었으며 하나님의 영광을 바라고 즐거
워하느니라.

3절 다만 이뿐 아니라 우리가 환난
중에도 즐거워하나니 이는 환난은 인내

**속뜻단어
풀   이**
- **믿음** | [trust; belief] ❶ 믿는 마음. 믿음이 안 간다. ❷ 종교적 이념을 따르는 일. 믿음이 깊다. ⓑ 신앙(信仰).
- **화평 和平** | 어울릴 화, 평안할 평 [peaceful; harmonious; placid] 화목(和睦)하고 평안(平安)함.

를,

　4절　인내는　연단（鍊鍛）을,　　연단

（鍊鍛）은　소망（所望）을　이루는　줄

앎이로다.

　5절　소망이　우리를　부끄럽게　하지

아니함은　우리에게　주신　성령으로　말미

암아　하나님의　사랑이　우리　마음에　부

은　바　됨이니

　6절　우리가　아직　연약할　때에　기약

（期約）대로　그리스도께서　경건하지　않

속뜻단어
풀   이

- **연:단 鍊鍛** | 불릴 련, 쇠 두드릴 단 [practice; exercise] ❶ 쇠붙이를 불에 불리어[鍊=鍛] 단단하게 함. 명검을 만들기 위해서는 수 천 번의 연단이 필요하다. ❷ 몸과 마음을 강하고 튼튼한 상태로 만드는 것. 심신을 연단하다.
  ❸ 어떤 일을 여러 번 반복함으로써 익숙하게 되는 것. 비 단련(鍛鍊).
- **소:망 所望** | 것 소, 바랄 망 [desire; wish] 바라는[望] 어떤 것[所]. 새해 소망. 비 바람, 소원(所願), 희망(希望).
- **기약 期約** | 때 기, 묶을 약 [pledge; promise] 때[期]를 정하여 약속(約束)함. 다시 만날 것을 기약하다.

은		자	를		위	하	여		죽	으	셨	도	다	.					
	7	절		의	인	(	義	人	)	을		위	하	여		죽	는		자
가		쉽	지		않	고		선	인	(	善	人	)	을		위	하	여	
용	감	히		죽	는		자	가		혹		있	거	니	와				
	8	절		우	리	가		아	직		죄	인		되	었	을		때	에
그	리	스	도	께	서		우	리	를		위	하	여		죽	으	심	으	로
하	나	님	께	서		우	리	에		대	한		자	기	의		사	랑	을
확	증	(	確	證	)	하	셨	느	니	라	.								
	9	절		그	러	면		이	제		우	리	가		그	의		피	로
말	미	암	아		의	롭	다		하	심	을		받	았	으	니		더	욱

62
로마서
5장

속뜻단어 풀　이

- **의:인 義人** | 옳을 의, 사람 인 [righteous man] 옳은[義] 일을 위하여 나서는 사람[人]. 그는 아이를 구하려다 팔을 잃은 의인이다.
- **선:인 善人** | 착할 선, 사람 인 [virtuous man; good man] 착한[善] 사람[人]. ⊕ 악인(惡人).
- **확증 確證** | 굳을 확, 증거 증 [confirm; prove definitely] 확실(確實)한 증거(證據). 확실히 증명함. 그가 범인이라는 확증을 잡았다 / 그의 이론은 실험으로 확증되었다.

그로 말미암아 진노하심에서 구원(救援)을 받을 것이니

10절 곧 우리가 원수 되었을 때에 그의 아들의 죽으심으로 말미암아 하나님과 화목(和睦)하게 되었은즉 화목(和睦)하게 된 자로서는 더욱 그의 살아나심으로 말미암아 구원(救援)을 받을 것이니라.

11절 그뿐 아니라 이제 우리로 화목하게 하신 우리 주 예수 그리스도로

속뜻단어
풀 이

- **구:원 救援** | 건질 구, 당길 원 [rescue; relieve] ❶ 속뜻 물에 빠진 사람을 건져주기[救] 위해 잡아당김[援]. ❷ 어려움이나 위험에 빠진 사람을 구하여 줌. 구원의 손길 / 구원이 우환이라. ❸ 기독교 인류를 죽음과 고통과 죄악에서 건져내는 일. 인간의 영혼을 죄에서 구원하다. 비 구증(救拯), 원구(援救), 구제(救濟).
- **화목 和睦** | 어울릴 화, 친할 목 [peaceful; harmonious] 서로 잘 어울리고[和] 친하게[睦] 지냄. 무엇보다 가족의 화목이 제일이다.

말미암아 하나님 안에서 또한 즐거워하느니라.

12절 그러므로 한 사람으로 말미암아 죄가 세상에 들어오고 죄로 말미암아 사망(死亡)이 들어왔나니 이와 같이 모든 사람이 죄를 지었으므로 사망(死亡)이 모든 사람에게 이르렀느니라.

13절 죄가 율법 있기 전에도 세상(世上)에 있었으나 율법이 없었을 때에는 죄를 죄로 여기지 아니하였느니라.

속뜻단어
풀   이

- **사:망 死亡** | 죽을 사, 죽을 망 [dead; decease] 사람의 죽음[死=亡]. 비행기 추락 사고로 탑승자 전원이 사망했다. 반 출생(出生).
- **세:상 世上** | 세간 세, 위 상 [world; society] ❶ 속뜻 사람들[世]이 살고 있는 지구 위[上]. ❷ 인간이 활동하거나 생활하고 있는 사회. 그는 세상이 어떻게 돌아가는지 모른다. ❸ 제 마음대로 판을 치며 자유롭게 활동할 수 있는 무대. 여기는 완전히 내 세상이다.

14절　그러나　아담으로부터　모세까지
아담의　범죄와　같은　죄를　짓지　아니한
자들까지도　사망이　왕　노릇　하였나니
아담은　오실　자의　모형（模型）이라.
　15절　그러나　이　은사는　그　범죄와
같지　아니하니　곧　한　사람의　범죄를
인하여　많은　사람이　죽었은즉　더욱　하
나님의　은혜와　또한　한　사람　예수　그
리스도의　은혜로　말미암은　선물은　많은
사람에게　넘쳤느니라.

속뜻단어
풀　　　이

- **노릇** | [job; part] ❶ 구실이 되거나, 직업으로 삼는 일. 선생 노릇 / 형 노릇도 못 하겠다. ❷ 어떤 일의 딱한 처지나 형편. 귀신이 곡할 노릇이다 / 기가 찰 노릇이다.
- **모형 模型** | = , 본뜰 모, 거푸집 형 [model] ❶ 속뜻 똑같은 모양[模樣]의 물건을 만들기 위한 거푸짚[形] ❷ 실물을 모방하여 만든 물건.

16	절		또		이		선	물	은		범	죄	한		한		사	람
으	로		말	미	암	은		것	과		같	지		아	니	하	니		심
판	은		한		사	람	으	로		말	미	암	아		정	죄	에		이
르	렀	으	나		은	사	(	恩	賜	)	는			많	은		범	죄	로
말	미	암	아		의	롭	다		하	심	에		이	름	이	니	라	.
17	절		한		사	람	의		범	죄	로		말	미	암	아		사
망	이		그		한		사	람	을		통	하	여		왕		노	릇
하	였	은	즉		더	욱		은	혜	(	恩	惠	)	와		의	의		선
물	을		넘	치	게		받	는		자	들	은		한		분		예	수
그	리	스	도	를		통	하	여		생	명		안	에	서		왕		노

속뜻단어 풀이

- **은사 恩賜** | 은혜 은, 줄 사 [spiritual gift] ❶ 은혜(恩惠)를 베풀어 임금이 신하나 백성에게 내려줌[賜]. 또는 그 물건
  ❷ 기독교 하나님이 준 재능
- **은혜 恩惠** | 인정 은, 사랑 혜 [favor; benefit] 남으로부터 받는 인정[恩]과 고마운 사랑[惠]. 스승의 은혜 / 은혜롭게도 우리는 사계절을 고루 누리고 있다.

룻		하	리	로	다	.									
	18	절		그	런	즉		한		범	죄	로		많	은		사	람	이
정	죄	(	定	罪	)	에		이	른		것		같	이		한		의	로
운		행	위	로		말	미	암	아		많	은		사	람	이		의	롭
다		하	심	을		받	아		생	명	에		이	르	렀	느	니	라	.
	19	절		한		사	람	이		순	종	(	順	從	)	하	지		아
니	함	으	로		많	은		사	람	이		죄	인		된		것		같
이		한		사	람	이		순	종	(	順	從	)	하	심	으	로		많
은		사	람	이		의	인	이		되	리	라	.						
	20	절		율	법	이		들	어	온		것	은		범	죄	를		더

67
로마서
5장

속뜻단어
풀　　이

- **정죄 定罪** | 정할 정, 허물 죄[condemn] 죄가 있는 것으로 판정함.
- **순:종 順從** | 따를 순, 따를 종 [obey; submit] 순순(順順)히 따름[從]. 나는 부모님 말씀에 순종했다.

하게 하려 함이라. 그러나 죄가 더한

곳에 은혜가 더욱 넘쳤나니

21절 이는 죄가 사망 안에서 왕(王)

노릇 한 것 같이 은혜도 또한 의로

말미암아 왕(王) 노릇 하여 우리 주

예수 그리스도로 말미암아 영생(永生)

에 이르게 하려 함이라.

속뜻단어
풀   이

▪ **왕 王** | 임금 왕 [king] 군주 국가에서 가장 높은 지위와 가장 큰 권력을 가진 사람. 圓 군주(君主), 국왕(國王), 임금.
　속담 호랑이 없는 골에 토끼가 왕 노릇 한다.
▪ **영:생 永生** | 길 영, 날 생 [eternal life] 영원(永遠)한 생명(生命). 또는 영원히 삶. 진시황제는 영생을 위해 불로초를 찾아다녔다.

1. 하나님께서 우리를 사랑하신다는 분명한 증거는 무엇인가요? 하나님은 어떻게 그 증거를 보여 주셨는지 말씀을 통하여 확인해보세요.

☞ 우리가 아직 (   ) 되었을 때에 그리스도께서 우리를 위하여 죽으심으로

하나님께서 우리에 대한 자기의 (   )을 '확증'하셨느니라. (8절)

2. "아담은 오실 자(예수 그리스도)의 모형이라"고 성경은 선언합니다(14절). 이 말은 아담이 예수님만큼 훌륭한 사람이라는 뜻은 아닙니다. 그렇다면 무슨 의미인지 아래 말씀을 잘 읽고, 깊이 생각해봅시다(17-21절).

☞ 한 사람(아담)이 순종하지 아니함으로 많은 사람이 (   ) 된 것 같이,

한 사람(예수님)이 순종하심으로 많은 사람이 (   )이 되리라. (19절)

"대표성의 원리" * 아담 = 모든 인류의 타락을 가져온 '대표자'

* 예수 그리스도 = 모든 인류의 구원을 가져온 '대표자'

로마서 이해문제

우리가 아직 연약할 때에 기약대로 그리스도께서 경건하지 않은 자를 위하여 죽으셨도다 의인을 위하여 죽은 자가
쉽지 않고 선인을 위하여 용감히 죽는자가 혹 있거니와 우리가 아직 죄인 되었을때에 그리스도께서
우리를 위하여 죽으심으로 하나님께서 우리에 대한 자기의 사랑을 확증하셨느니라
[로마서 5:6-8]

제 6장

로마서 6장은 하나님의 은혜 아래 있는 예수 믿는 사람들이 자신의 생활 속에서
죄를 철저히 대적하고 하나님의 의로운 말씀을 구체적으로 순종하며
성경의 원리를 따라 살아야 한다는 신앙의 핵심을 가르친다.

1절 그런즉 우리가 무슨 말을 하리요 은혜를 더하게 하려고 죄에 거하겠느냐?

2절 그럴 수 없느니라. 죄에 대하여 죽은 우리가 어찌 그 가운데 더 살리요?

3절 무릇 그리스도 예수와 합하여 세례(洗禮)를 받은 우리는 그의 죽으심과 합하여 세례(洗禮)를 받은 줄을 알지 못하느냐?

**속뜻단어
풀 이**
- **무릇 (凡, 무릇 범)** | [generally speaking] 종합하여 살펴보건대. 대체로 보아. 비 대범(大凡), 대저(大抵).
- **세:례 洗禮** | 씻을 세, 예도 례 [baptism; christening] ❶ 기독교 신자가 될 때 베푸는 의식으로 머리 위를 물로 적시거나[洗] 몸을 잠그는 예식(禮式). 세례를 받다. ❷ '한꺼번에 몰아치는 비난이나 공격'을 비유하여 이르는 말. 그는 학생들의 질문 세례를 받았다.

년 월 일

4절 그러므로 우리가 그의 죽으심과 합하여 세례를 받음으로 그와 함께 장사(葬事)되었나니 이는 아버지의 영광으로 말미암아 그리스도를 죽은 자 가운데서 살리심과 같이 우리로 또한 새 생명 가운데서 행하게 하려 함이라.

5절 만일 우리가 그의 죽으심과 같은 모양으로 연합(聯合)한 자가 되었으면 또한 그의 부활(復活)과 같은 모양으로 연합(聯合)한 자도 되리라.

속뜻단어
풀 이

- **장사 葬事** | 장사 지낼 장, 일 사 [funeral] 죽은 사람을 땅에 묻거나 화장하는[葬] 일[事]. 장사를 치르다 / 장사를 지내다.
- **연합 聯合** | 잇달 련, 합할 합 [unite; combine] ❶ 속뜻 잇달아[聯] 합침[合]. ❷ 두 가지 이상의 사물이 서로 합동하여 하나의 조직체를 만듦. 또는 그렇게 만든 조직체. 백제는 신라와 연합하여 고구려에 대항했다.
- **부:활 復活** | 다시 부, 살 활 [revive; resurrect] ❶ 속뜻 죽었다가 다시[復] 살아남[活]. 예수의 부활. ❷ 없어졌던 것이 다시 생김. 교복 착용 제도의 부활.

	6	절		우	리	가		알	거	니	와		우	리	의		옛		사
람	이		예	수	와		함	께		십	자	가	(	十	字	架	)	에	
못		박	힌		것	은		죄	(	罪	)	의		몸	이		죽	어	
다	시	는		우	리	가		죄	에	게		종		노	릇		하	지	
아	니	하	려		함	이	니												
	7	절		이	는		죽	은		자	가		죄	(	罪	)	에	서	
벗	어	나		의	롭	다		하	심	을		얻	었	음	이	라	.		
	8	절		만	일		우	리	가		그	리	스	도	와		함	께	
죽	었	으	면		또	한		그	와		함	께		살		줄	을		믿
노	니																		

74
로마서
6장

속뜻단어
풀   이

- **십자-가 十字架** | 열 십, 글자 자, 시렁 가 [the Cross] ❶ **역사** 서양에서 죄인을 못 박아 죽이던 십자(十字) 모양의 형틀[架].
❷ **기독교** 기독교도를 상징하는 '十'자 모양의 표. 예수가 모든 사람의 죄를 대신 씻어주기 위하여 십자가에 못 박혀 죽은 데서
유래하였으며, 희생·속죄의 표상으로 쓰인다.
- **죄: 罪** | 허물 죄 [crime; sin; offence] 양심이나 도리에 벗어난 행위. 다시는 죄를 짓지 않겠다고 다짐했다 / 억울하게 남의 죄를 뒤집어썼다.

	9	절		이	는		그	리	스	도	께	서		죽	은	자	가

9절 이는 그리스도께서 죽은 자 가운데서 살아나셨으매 다시 죽지 아니하시고 사망이 다시 그를 주장(主張)하지 못할 줄을 앎이로라.

10절 그가 죽으심은 죄에 대하여 단번에 죽으심이요 그가 살아 계심은 하나님께 대하여 살아 계심이니

11절 이와 같이 너희도 너희 자신(自身)을 죄에 대하여는 죽은 자요 그리스도 예수 안에서 하나님께 대하여

속뜻단어 풀이

- **주장 主張** | 주될 주, 벌릴 장 [assert; contend] 자기의 의견이나 주의(主義)를 널리 떠벌임[張]. 또는 그런 주의. 변호사는 무죄를 주장했다.
- **자신 自身** | 스스로 자, 몸 신 [oneself] 제[自] 몸[身]. 너 자신을 알라. ⑪ 자기(自己). ⑪ 남, 타인(他人).

는		살	아		있	는		자	로		여	길	지	어	다	.			

	12	절		그	러	므	로		너	희	는		죄	가		너	희		죽

을		몸	을		지	배	하	지		못	하	게		하	여		몸	의	

사	욕	(| 私 | 慾 |)	에		순	종	하	지		말	고					

	13	절		또	한		너	희		지	체	(| 肢 | 體 |)	를		불	의

의		무	기	로		죄	에	게		내	주	지		말	고		오	직	

너	희		자	신	을		죽	은		자		가	운	데	서		다	시	

살	아	난		자		같	이		하	나	님	께		드	리	며		너	희

지	체	(| 肢 | 體 |)	를		의	의		무	기	로		하	나	님	께	

속뜻단어 풀이

- **사욕 私慾** | 사사로울 사, 욕심 욕 [selfish desire] 사사로운[私] 자기의 이익만을 생각하는 욕심(慾心). 그는 사욕을 채우려다 구속됐다.
- **지체 肢體** | 사지 지, 몸 체 [whole body] 사지(四肢)와 몸통[體]을 통틀어 이르는 말.

드리라.

14절 죄가 너희를 주장하지 못하리니

이는 너희가 법 아래에 있지 아니하고

은혜(恩惠) 아래에 있음이라.

15절 그런즉 어찌하리요? 우리가 법

(法) 아래에 있지 아니하고 은혜(恩

惠) 아래에 있으니 죄를 지으리요?

그럴 수 없느니라.

16절 너희 자신을 종으로 내주어 누

구에게 순종하든지 그 순종함을 받는

**속뜻단어
풀   이**

▪ **은혜 恩惠 |** 인정 은, 사랑 혜 [favor; benefit] 남으로부터 받는 인정[恩]과 고마운 사랑[惠]. 스승의 은혜 / 은혜롭게도 우리는
사계절을 고루 누리고 있다.

▪ **법 法 |** 법 법 [law; method; good reason] ❶ 국가의 강제력을 수반하는 사회 규범. 법을 지키다. ❷ 방법이나 방식. 그림 그리는 법.
❸ 해야 할 도리나 정해진 이치. 어른한테 그렇게 말하는 법이 어디 있니? ❹ 앞말의 동작이나 상태가 당연함을 나타내는 말. 죄를
지으면 누구나 벌을 받는 법이다.

자의 종이 되는 줄을 너희가 알지 못
하느냐? 혹은 죄의 종으로 사망에 이
르고 혹은 순종의 종으로 의에 이르느
니라.
　　17절 하나님께 감사하리로다. 너희가
본래 죄의 종이더니 너희에게 전하여
준 바 교훈(敎訓)의 본을 마음으로
순종하여
　　18절 죄로부터 해방(解放)되어 의에
게 종이 되었느니라.

**속뜻단어
풀   이**

- **종: (奴, 종 노)** | [servant] 남의 집에서 대대로 천한 일을 하던 사람. 종 부리듯이 일을 시키다. ㊚ 노비(奴婢).
- **교:훈 敎訓** | 가르칠 교, 가르칠 훈 [teaching; instruction] 앞으로의 행동이나 생활에 지침이 될 만한 가르침[敎=訓].
  실패는 그에게 교훈이 되었다.
- **해:방 解放** | 풀 해, 놓을 방 [liberate] 몸과 마음의 속박이나 제한 따위를 풀어서[解] 자유롭게 놓아줌[放]. 노예 해방.

19절 너희 육신이 연약하므로 내가 사람의 예대로 말하노니 전에 너희가 너희 지체를 부정과 불법(不法)에 내주어 불법(不法)에 이른 것 같이 이제는 너희 지체를 의에게 종으로 내주어 거룩함에 이르라.

20절 너희가 죄의 종이 되었을 때에는 의(義)에 대하여 자유로웠느니라.

21절 너희가 그 때에 무슨 열매를 얻었느냐? 이제는 너희가 그 일을 부

속뜻단어
풀　이

▪ **불법 不法** | 아닐 불, 법 법 [unlawfulness] 법(法)에 어긋남[不]. 불법선거 / 불법시위. ⓑ 위법(違法). ⓟ 적법(適法), 합법(合法).
▪ **의: 義** | 옳을 의 [justice; morality] 사람으로서 행하여야 할 바른 도리. 그는 의를 지키기 위해 목숨을 바쳤다. ⓟ 불의(不義).

끄러워하나니 이는 그 마지막이 사망임이라.

22절 그러나 이제는 너희가 죄로부터 해방되고 하나님께 종이 되어 거룩함에 이르는 열매를 맺었으니 그 마지막은 영생이라.

23절 죄의 삯은 사망이요 하나님의 은사는 그리스도 예수 우리 주 안에 있는 영생이니라.

**속뜻단어
풀   이**

- **거룩** | [holy] 히브리어로 '코데쉬'는 '잘라냄, 분리함'을 의미하는 말로 더러움과 분리된 상태를 말한다. 거룩은 하나님께만 있는 성품으로 모든 피조물과 완전히 다르게 구별되심을 말한다.
- **삯** | [wages; pay; hire] 일한 데 대한 보수로 주는 돈이나 물건. 하루에 5만 원씩 삯을 받고 일하다.

1. 예수님의 죽음과 부활을 믿는 우리는 이제 어떻게 살아야 하는지에 대해 성경이 가르치는 바는 무엇인가요? 10-13절을 다시 한 번 자세히 읽고, 빈 칸을 채우세요.

☞ 이와 같이 너희도 (   )에 대하여는 죽은 자요, 그리스도 예수 안에서

(   )께 대하여는 살아있는 자로 여길지어다. 또한 너희 지체를

불의의 무기로 (   )에게 내주지 말고... 너희 지체를 (   )의 무기로

하나님께 드리라. (11, 13절)

2. 믿음을 거절하는 사람의 마지막 운명이 예수님을 믿는 사람과 얼마나 다른지 성경이 말씀하는 바를 되새겨봅시다.

☞ 죄의 삯은 (   )이요, 하나님의 은사는 그리스도

예수 우리 주 안에 있는 (   )이니라. (23절)

로마서 이해문제

그러므로 너희는 죄가 너희 죽을 몸을 지배하지 못하게 하여 몸의 사욕에 순종하지 말고
또한 너희 지체를 불의의 무기로 죄에게 내주지 말고 오직 너희 자신을 죽은 자 가운데서
다시 살아난 자 같이 하나님께 드리며 너희 지체를 의의 무기로 하나님께 드리라

[로마서 6:12-13]

제 7장

로마서 7장은 모든 그리스도인이 종교적 형식이 아니라 성경에 기록된
하나님의 말씀과 성령의 인도를 따라서 신앙생활을 해야 한다는 사실과 함께 그 과정에서
자신의 연약함 때문에 사단의 유혹을 받고 실수하고 범죄하며 그로 인해
고민할 때도 많이 있다는 사실을 우리에게 알려준다.

1절 형제들아 내가 법 아는 자들에게 말하노니 너희는 그 법이 사람이 살 동안만 그를 주관(主管)하는 줄 알지 못하느냐?

2절 남편 있는 여인이 그 남편 생전에는 법으로 그에게 매인 바 되나 만일 그 남편이 죽으면 남편의 법에서 벗어나느니라.

3절 그러므로 만일 그 남편 생전(生前)에 다른 남자에게 가면 음녀라

84
로마서
7장

속뜻단어 풀이

- **주관 主管** | 주될 주, 맡을 관 [manage; be in charge of] 어떤 일에 중심이 되어[主] 맡아 관리(管理)함. 정부 주관으로 의식을 거행하다.
- **생전 生前** | 날 생, 앞 전 [one's life(time)] ❶ 속뜻 태어난[生] 이후부터 죽기 이전(以前). ❷ 살아 있는 동안. 할아버지는 생전에 통일이 되는 것을 꼭 보고 싶다고 하셨다. ❸ 전혀. 결코. 아무리. 이렇게 큰 물고기는 생전 처음 본다. ⊞ 사전(死前), 신전(身前). ⊞ 사후(死後).

그러나 만일 남편이 죽으면 그 법에서 자유롭게 되나니 다른 남자에게 갈지라도 음녀(淫女)가 되지 아니하느니라.

4절 그러므로 내 형제들아 너희도 그리스도의 몸으로 말미암아 율법(律法)에 대하여 죽임을 당하였으니 이는 다른 이 곧 죽은 자 가운데서 살아나신 이에게 가서 우리가 하나님을 위하여 열매를 맺게 하려 함이라.

5절 우리가 육신에 있을 때에는 율

속뜻단어
풀   이

- **음녀 淫女** | 음란할 음, 여자 녀 [a lewd woman; a woman of loose morals] 성격이나 행동이 음란하고 방탕한 여자
- **율법 律法** | 법칙 률, 법 법 [law; rule] ❶ 속뜻 규범[律]과 법[法]. ❷ 기독교 하나님이 인간에게 지키도록 내린 규범을 이르는 말.

법으로 말미암는 죄의 정욕(情慾)이
우리 지체 중에 역사하여 우리로 사망
을 위하여 열매를 맺게 하였더니
6절 이제는 우리가 얽매였던 것에
대하여 죽었으므로 율법에서 벗어났으니
이러므로 우리가 영의 새로운 것으로
섬길 것이요 율법 조문(條文)의 묵은
것으로 아니할지니라.
7절 그런즉 우리가 무슨 말을 하리
요? 율법이 죄냐? 그럴 수 없느니라.

속뜻단어 풀이

- **정욕 情欲** | 마음 정, 하고자할 욕 [passions; lust] ❶ 속뜻 마음[情] 속에 일어나는 여러 가지 욕구(欲求). ❷ 불교 물건을 탐내고 집착하는 마음.
- **조문 條文** | 조목 조, 글월 문 [provisions] 규정이나 법령 따위에서 조목(條目)으로 나누어 적은 글[文]. 조문에 명시된 대로 일을 처리하세요.

율법으로 말미암지 않고는 내가 죄를
알지 못하였으니 곧 율법이 탐내지 말
라 하지 아니하였더라면 내가 탐심(貪
心)을 알지 못하였으리라.
8절 그러나 죄가 기회를 타서 계명
(誡命)으로 말미암아 내 속에서 온갖
탐심(貪心)을 이루었나니 이는 율법이
없으면 죄가 죽은 것임이라.
9절 전에 율법을 깨닫지 못했을 때
에는 내가 살았더니 계명(誡命)이 이

속뜻단어
풀 이

▪ **탐심 貪心** | 탐낼 탐, 마음 심 [greed; cupidity; undue desire] ❶ 속뜻 탐(貪)내는 마음[心]. ❷ 부당한 욕심.
▪ **계명 誡命** | 경계할 계, 목숨 명[commandment] 도덕상 또는 종교상 지켜야 하는[誡] 규정[命]. 기독교의 십계명. 그는 평생 계명을 잘 지켰다.

르매 죄는 살아나고 나는 죽었도다.

　10절 생명(生命)에 이르게 할 그

계명이 내게 대하여 도리어 사망에 이

르게 하는 것이 되었도다.

　11절 죄가 기회(機會)를 타서 계명

으로 말미암아 나를 속이고 그것으로

나를 죽였는지라

　12절 이로 보건대 율법은 거룩하고

계명도 거룩하고 의로우며 선하도다.

　13절 그런즉 선한 것이 내게 사망이

속뜻단어 풀이
- **생명 生命** | 살 생, 목숨 명 [life] ❶ 속뜻 살아가는[生] 데 꼭 필요한 목숨[命]. 생명의 은인 / 생명이 위태롭다. ❷ 사물이 존재할 수 있는 가장 중요한 요건을 비유하여 이르는 말. 가수는 목소리가 생명이다.
- **기회 機會** | 때 기, 모일 회 [opportunity; chance] ❶ 속뜻 적절한 때[機]를 만남[會]. ❷ 무슨 일을 하기에 알맞은 시기. 좋은 기회를 놓치다. 비 적기(適期).

되었느냐?   그럴   수   없느니라.   오직

죄가   죄로   드러나기   위하여   선한   그것

으로   말미암아   나를   죽게   만들었으니

이는   계명으로   말미암아   죄로   심히   죄

되게   하려   함이라.

    14절   우리가   율법은   신령(神靈)한

줄   알거니와   나는   육신(肉身)에   속하

여   죄   아래에   팔렸도다.

    15절   내가   행하는   것을   내가   알지

못하노니   곧   내가   원하는   것은   행하지

속뜻단어 풀이

▪ **신령-한 神靈-한** | 귀신 신, 혼령 령 [spiritual] ❶ 신기하고 영묘한. ❷ 정신적인, 영적인, 종교적인.
▪ **육신 肉身** | 몸 육, 몸 신 [body] 구체적인 물체인 사람의 몸[肉=身]. 육신의 고통을 견디다. ⓑ 육체(肉體). ⓟ 영혼(靈魂).

아니하고 도리어 미워하는 것을 행함이
라.

16절 만일 내가 원하지 아니하는 그
것을 행하면 내가 이로써 율법이 선한
것을 시인(是認)하노니

17절 이제는 그것을 행하는 자가 내
가 아니요 내 속에 거하는 죄니라.

18절 내 속 곧 내 육신에 선한 것
이 거하지 아니하는 줄을 아노니 원함
은 내게 있으나 선을 행하는 것은 없

속뜻단어
풀   이

▪ **도리어** | [on the contrary; instead] 예상이나 기대 또는 일반적인 생각과는 반대되거나 다르게. 낫기는커녕 도리어 병세가
악화되었다. ⑪ 오히려, 되려.
▪ **시:인 是認** | 옳을 시, 알 인 [approve of; acknowledge] 옳다고[是] 인정(認定)함. 민지는 자기 잘못을 시인했다. ⑫ 부인(否認).

노라.

19절 내가 원하는 바 선(善)은 행하지 아니하고 도리어 원하지 아니하는 바 악(惡)을 행하는도다.

20절 만일 내가 원하지 아니하는 그것을 하면 이를 행하는 자는 내가 아니요 내 속에 거하는 죄니라.

21절 그러므로 내가 한 법을 깨달았노니 곧 선을 행하기 원하는 나에게 악이 함께 있는 것이로다.

속뜻단어 풀 이	• 선: 善 | 착할 선 [good; goodness; virtue] 착하고[善] 올바름. 어질고 좋음. 또는 그런 일. 선을 행하다. ㉵ 악(惡). • 악 惡 | 악할 악 [evil] 인간의 도덕적 기준에 어긋나 나쁨. 또는 그런 것. 선과 악. ㉵ 선(善).

	22절	내		속	사	람	으	로	는		하	나	님	의		법	을
즐	거	워	하	되													
	23절	내		지	체		속	에	서		한		다	른		법	이
내		마	음	의		법	과		싸	워		내		지	체		속	에
있	는		죄	의		법	으	로		나	를		사	로	잡	는		것	을
보	는	도	다	.													
	24절		오	호	라		나	는		곤	고	(	困	苦	)	한		사
람	이	로	다	.		이		사	망	의		몸	에	서		누	가		나
를		건	져	내	랴	?											
	25절		우	리		주		예	수		그	리	스	도	로		말	미

속뜻단어 풀이
- **속사람 [속:싸람]** | [inner being] 품성이나 인격의 측면에서 본 사람. 또는 사람의 됨됨이.
- **곤고 困苦** | 곤할 곤, 쓸 고 [hardships] 형편이나 처지 따위가 딱하고 어려움.

암아　하나님께　감사（感謝）하리로다.
그런즉　내　자신（自身）이　마음으로는
하나님의　법을　육신으로는　죄（罪）의
법을　섬기노라.

속뜻단어
풀 이

- **감:사 感謝** | 느낄 감, 고마워할 사 [thanks; gratitude] ❶ 속뜻 고마움[謝]을 느낌[感]. ❷ 고마움을 표함. 성원에 감사드립니다.
  비 사의(謝意), 은혜(恩惠).
- **자신 自身** | 스스로 자, 몸 신 [oneself] 제[自] 몸[身]. 너 자신을 알라. 비 자기(自己). 반 남, 타인(他人).
- **죄: 罪** | 허물 죄 [crime; sin; offence] 양심이나 도리에 벗어난 행위. 다시는 죄를 짓지 않겠다고 다짐했다 / 억울하게 남의 죄를 뒤집어썼다.

1. 우리는 예수님을 믿고 순종하는 삶을 살려고 애쓰지만 여전히 우리는 연약한 상태에 빠질 때가 많이 있습니다. 사도 바울(로마서의 저자) 같이 훌륭한 신앙의 사람조차 자신의 죄짓기 쉬운 연약함에 대하여 얼마나 탄식하고 있는지 들어보세요.

☞ 그러므로 내가 한 법을 깨달았노니, 곧 (　　)을 행하기 원하는 나에게

(　　)이 함께 있는 것이로다... 오호라! 나는 (　　　)한 사람이로다.

이 (　　　)의 몸에서 누가 나를 건져내랴! (21, 24절)

2. 그러나 사도는 곧 이어 25절에서 하나님께 감사한다고 고백합니다. 그는 누구 때문에, 무엇에 대하여 감사하고 있습니까?

☞ 우리 주 (　　　) 그리스도로 말미암아 하나님께 (　　　)하리로다. (25절)

그러므로 이제 그리스도 예수 안에 있는 자에게는 결코 정죄함이 없나니, 이는 그리스도 예수

안에 있는 생명의 성령의 법이 죄와 사망의 법에서 너를 해방하였음이라. (로마서 8:1-2)

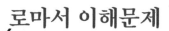

로마서 이해문제

제 8장

로마서 8장은 신자가 가진 연약함에도 불구하고 죄로부터 해방된
모든 하나님의 자녀는 성령의 도우심으로 죄를 이기게 되고 하나님 아버지의 사랑 안에서
점차 예수그리스도의 형상을 본받아 성숙한 하나님의 자녀로, 순종하는
그리스도의 제자로 성장하게 된다고 선언한다.

1	절		그	리	므	로		이	제		그	리	스	도		예	수	
안	에		있	는		자	에	게	는		결	코		정	죄	함	이		없
나	니																	
2	절		이	는		그	리	스	도		예	수		안	에		있	는
생	명	의		성	령	(	聖	靈	)	의		법	이		죄	와		사	망
의		법	에	서		너	를		해	방	하	였	음	이	라	.			
3	절		율	법	이		육	신	으	로		말	미	암	아		연	약
(	軟	弱	)	하	여		할		수		없	는		그	것	을		하	나
님	은		하	시	나	니		곤		죄	로		말	미	암	아		자	기
아	들	을		죄		있	는		육	신	의		모	양	으	로		보	내

속뜻단어 풀이

- **성:령 聖靈** | 성스러울 성, 신령 령 [Holy Spirit] ❶ 속뜻 성(聖)스러운 신령(神靈). ❷ 기독교 기독교 성삼위 중의 하나인 하나님의 영을 이르는 말. 성령의 힘을 받았다.
- **연:약 軟弱** | 무를 연, 약할 약 [tender; mild] 무르고[軟] 약(弱)함. 연약한 여자의 마음 / 아기의 피부는 연약하다.

어 육신에 죄를 정하사

  4절 육신을 따르지 않고 그 영을

따라 행하는 우리에게 율법의 요구가

이루어지게 하려 하심이니라.

  5절 육신을 따르는 자는 육신의 일

을, 영을 따르는 자는 영의 일을 생

각하나니

  6절 육신의 생각은 사망（死亡）이요

영의 생각은 생명과 평안（平安）이니라.

  7절 육신의 생각은 하나님과 원수가

속뜻단어
풀   이
▪ **사:망 死亡** | 죽을 사, 죽을 망 [dead; decease] 사람의 죽음[死=亡]. 비행기 추락 사고로 탑승자 전원이 사망했다. ㉖ 출생(出生).
▪ **평안 平安** | 고를 평, 편안할 안 [be well; peaceful; tranquil] ❶ 속뜻 마음이 고르고[平] 편안(便安)함. ❷ 마음에 걱정이 없음.
평안히 지내다 / 댁내 두루 평안하시길 바랍니다.

되나니 이는 하나님의 법에 굴복(屈服)하지 아니할 뿐 아니라 할 수도 없음이라.

8절 육신에 있는 자들은 하나님을 기쁘시게 할 수 없느니라.

9절 만일 너희 속에 하나님의 영(靈)이 거하시면 너희가 육신에 있지 아니하고 영(靈)에 있나니 누구든지 그리스도의 영이 없으면 그리스도의 사람이 아니라.

속뜻단어 풀 이

- **굴복 屈服** | 굽힐 굴, 따를 복 [submit to] 힘이 모자라서 몸을 굽히어[屈] 남을 따름[服]. 비 굴종(屈從). 반 저항(抵抗).
- **영 靈** | 신령 령 [soul] '영혼'(靈魂)의 준말.

10절 또 그리스도께서 너희 안에 계
시면 몸은 죄로 말미암아 죽은 것이나
영은 의로 말미암아 살아 있는 것이니
라.

11절 예수를 죽은 자 가운데서 살리
신 이의 영이 너희 안에 거하시면 그
리스도 예수를 죽은 자 가운데서 살리
신 이가 너희 안에 거하시는 그의 영
으로 말미암아 너희 죽을 몸도 살리시
리라.

속뜻단어
풀   이

• 몸 (身, 몸 신; 體, 몸 체) | [body; one's status] ❶ 사람이나 동물의 형상을 이루는 전체. 또는 그것의 활동 기능이나 상태.
❷ 물건의 기본을 이루는 동체(胴體).
• 말미암다 (由, 말미암을 유) | [come from] 어떤 현상이나 사물이 원인이나 이유가 되다. 할머니는 폭우로 말미암아 오시지 못했다.
ⓑ 인(因)하다, 연유(緣由)하다.

12	절		그	러	므	로		형	제	들	아		우	리	가		빚	진

12절 그러므로 형제들아 우리가 빚진

자로되 육신에게 져서 육신대로 살 것

이 아니니라.

13절 너희가 육신대로 살면 반드시

죽을 것이로되 영으로써 몸의 행실(行

實)을 죽이면 살리니

14절 무릇 하나님의 영으로 인도(引

導)함을 받는 사람은 곧 하나님의 아

들이라.

15절 너희는 다시 무서워하는 종의

100
로마서
8장

속뜻단어 풀이
- **빚 (債, 빚 채)** | [debt; loan] 남에게 갚아야 할 돈. 꾸어 쓴 돈이나 외상값 따위를 이름. 빚을 갚다 / 빚이 눈덩이처럼 불어나다. 卽 부채(負債).
- **행실 行實** | 행할 행, 실제 실 [conduct] ❶ 속뜻 행동(行動)한 사실(事實). ❷ 일상적인 행동. 행실이 바르고 모범이 되어 이 상을 수여합니다. 卽 품행(品行).
- **인도 引導** | 끌 인, 이끌 도 [guidance] ❶ 속뜻 이끌어[引=導] 줌. ❷ 가르쳐 일깨움. 그는 비행청소년을 바른 길로 인도했다. ❸ 길을 안내함.

영을 받지 아니하고 양자(養子)의 영
을 받았으므로 우리가 아빠 아버지라고
부르짖느니라.
16절 성령이 친히 우리의 영과 더불
어 우리가 하나님의 자녀인 것을 증언
하시나니
17절 자녀이면 또한 상속자(相續者)
곧 하나님의 상속자(相續者)요 그리스
도와 함께 한 상속자니 우리가 그와
함께 영광을 받기 위하여 고난(苦難)

속뜻단어
풀   이

- **양:자 養子** | 기를 양, 아들 자 [adopted son] ❶ 속뜻 친자식처럼 기르는[養] 아들[子]. ❷ 속뜻 입양에 의하여 자식의 자격을 얻은 사람. 비 양아들. 반 친자(親子), 친아들.
- **상속-자 相續者** | 서로 상, 이을 속, 사람 자 [heritor] 법률 상속(相續) 받는 사람[者]. 비 상속인(相續人).
- **고:난 苦難** | 괴로울 고, 어려울 난 [suffering; hardship] 괴로움[苦]과 어려움[難]을 아울러 이르는 말. 고난 속에 인생의 기쁨이 있다. 비 고초(苦楚).

도   함께   받아야   할   것이니라.

　18절   생각하건대   현재의   고난은   장차
우리에게   나타날   영광과   비교(比較)할
수   없도다.

　19절   피조물이   고대(苦待)하는   바는
하나님의   아들들이   나타나는   것이니

　20절   피조물이   허무(虛無)한   데   굴
복하는   것은   자기   뜻이   아니요   오직
굴복하게   하시는   이로   말미암음이라.

　21절   그   바라는   것은   피조물도   썩어

**속뜻단어
풀   이**

- **비:교 比較** | 견줄 비, 견줄 교 [compare] 둘 이상의 사물을 서로 대비(對比)하여 견주어[較] 봄. 이쪽이 비교도 안 될 만큼 좋다.
- **고대 苦待** | 괴로울 고, 기다릴 대 [wait impatiently] 애타게[苦] 기다림[待]. 다시 만날 날을 고대했다.
- **허무 虛無** | 빌 허, 없을 무 [vain; futile] ❶ 속뜻 아무것도 없이[無] 텅 빔[虛]. ❷ 무가치하고 무의미하게 느껴져 매우 허전하고
쓸쓸함. 인생의 허무를 느끼다. ❸ 속뜻 유(有)에 대립하는 개념만 있고, 실재하지 않는 무의미한 무(無)의 의식. 비 공허(空虛).

짐의 종 노릇 한 데서 해방되어 하나님의 자녀들의 영광의 자유에 이르는 것이니라.

22절 피조물이 다 이제까지 함께 탄식(歎息)하며 함께 고통(苦痛)을 겪고 있는 것을 우리가 아느니라.

23절 그뿐 아니라 또한 우리 곧 성령의 처음 익은 열매를 받은 우리까지도 속으로 탄식(歎息)하여 양자 될 것 곧 우리 몸의 속량(贖良)을 기다

속뜻단어 풀이

- **탄:식 歎息** | = , 한숨지을 탄, 숨쉴 식 [sigh] 한탄(恨歎)의 숨을 쉼[息]. 그는 어떻게 이럴 수가 있느냐고 탄식했다.
- **고통 苦痛** | 괴로울 고, 아플 통 [pain; agony] 몸이나 마음이 괴롭고[苦] 아픔[痛]. 고통을 견디다. ㉔ 쾌락(快樂).
- **속량 贖良** | 속죄할 속, 어질 량 [emancipate; redemption] ❶ 속뜻 몸값을 받고 노비의 신분을 풀어 주어서[贖] 양민(良民)이 되게 하던 일. 노비의 속량을 허락하다. ❷ 기독교 지은 죄를 물건이나 다른 공로 따위로 비겨 없앰. ㉑ 속죄(贖罪).

리느니라.

　24절　우리가　소망（所望）으로　구원을
얻었으매　보이는　소망（所望）이　소망
（所望）이　아니니　보는　것을　누가　바
라리요?

　25절　만일　우리가　보지　못하는　것을
바라면　참음으로　기다릴지니라.

　26절　이와　같이　성령도　우리의　연약
함을　도우시나니　우리는　마땅히　기도
（祈禱）할　바를　알지　못하나　오직　성

속뜻단어 풀이
- **소:망 所望** | 것 소, 바랄 망 [desire; wish] 바라는[望] 어떤 것[所]. 새해 소망. ⑪ 바람, 소원(所願), 희망(希望).
- **기도 祈禱** | 빌 기, 빌 도 [prayer] 절대적 존재에게 바라는 것을 빎[祈=禱]. 또는 그런 의식. 비를 내려달라고 신에게 기도하다.

령이 말할 수 없는 탄식으로 우리를 위하여 친히 간구(懇求)하시느니라.

27절 마음을 살피시는 이가 성령의 생각을 아시나니 이는 성령이 하나님의 뜻대로 성도를 위하여 간구(懇求)하심이니라.

28절 우리가 알거니와 하나님을 사랑하는 자 곧 그의 뜻대로 부르심을 입은 자들에게는 모든 것이 합력(合力)하여 선을 이루느니라.

속뜻단어 풀이

- **간:구 懇求** | 정성 간, 구할 구 [beg; request earnestly] 간절(懇切)히 요구(要求)함. 우리를 유혹에서 구해 주실 것을 간구하나이다.
- **생각 (念, 생각 념; 思, 생각 사; 想, 생각 상)** | [think; remember; imagine] ❶ 사람이 머리를 써서 사물을 헤아리고 판단하는 작용. ❷ 어떤 일에 대한 의견이나 느낌을 가짐. 또는 그 의견이나 느낌. ❸ 어떤 사람이나 일 따위에 대한 기억. ❹ 앞으로 일어날 일에 대하여 상상해 봄.
- **합력 合力** | 합할 합, 힘 력 [join; cooperate; resultant] ❶ 속뜻 흩어진 힘[力]을 모음[合]. ❷ 물리 동시에 작용하는 둘 이상의 힘이 하나로 모아진 힘. 합성력(合成力). 〈비〉 분력(分力).

29절 하나님이 미리 아신 자들을 또한 그 아들의 형상(形象)을 본받게 하기 위하여 미리 정하셨으니 이는 그로 많은 형제 중에서 맏아들이 되게 하려 하심이니라.

30절 또 미리 정하신 그들을 또한 부르시고 부르신 그들을 또한 의롭다 하시고 의롭다 하신 그들을 또한 영화(榮華)롭게 하셨느니라.

31절 그런즉 이 일에 대하여 우리가

■ **형상 形象** | 모양 형, 모양 상 [shape; figure] 사물의 생긴 모양[形=象]이나 상태. 인간의 형상을 한 괴물.
■ **영화 榮華** | 꽃필 영, 꽃 화 [prosperity; splendor; luxury] ❶ 속뜻 꽃[華]을 활짝 피움[榮]. ❷ 몸이 귀하게 되어 이름이 세상에 빛남. 부귀와 영화를 누리다.

무슨　말　하리요　만일　하나님이　우리를
위하시면　누가　우리를　대적（對敵）하리
요？

32절　자기　아들을　아끼지　아니하시고
우리　모든　사람을　위하여　내주신　이가
어찌　그　아들과　함께　모든　것을　우리
에게　주시지　아니하겠느냐？

33절　누가　능히　하나님께서　택하신
자들을　고발（告發）하리요　의롭다　하신
이는　하나님이시니

**속뜻단어
풀　　이**

- **대:적 對敵** | 대할 대, 원수 적 [facing[fighting] against; confrontation] ❶ 속뜻 적(敵)을 마주 대(對)함. 적과 맞섬.
❷ 서로 맞서 겨룸. 저 선수를 대적할 사람은 없다.
- **고:발 告發** | 알릴 고, 드러낼 발 [accusation; charge] ❶ 속뜻 잘못이나 비리 따위를 알려[告] 드러냄[發]. ❷ 피해자나 고소권자가
아닌 제삼자가 수사 기관에 범죄 사실을 신고하여 수사 및 범인의 기소를 요구하는 일. 경찰에 사기꾼을 고발하다.

34절 누가 정죄하리요 죽으실 뿐 아
니라 다시 살아나신 이는 그리스도 예
수시니 그는 하나님 우편에 계신 자요
우리를 위하여 간구하시는 자시니라.
35절 누가 우리를 그리스도의 사랑에
서 끊으리요 환난이나 곤고나 박해(迫
害)나 기근(飢饉)이나 적신(赤身)이
나 위험이나 칼이랴?
36절 기록된 바 우리가 종일 주를
위하여 죽임을 당하게 되며 도살당할

속뜻단어
풀 이

▪ **박해 迫害** | 다그칠 박, 해칠 해 [oppress; persecute] ❶ 속뜻 다그쳐[迫] 해(害)를 입힘. ❷ 못살게 굴어 해롭게 함. 천주교 신도를 박해하다.
▪ **기근 飢饉** | = , 배고플 기, 흉년들 근 [famine; shortage] ❶ 속뜻 먹을 양식이 모자라 굶주릴[飢] 정도로 흉년이 듦[饉]. ❷ '최소한의 수요도 채우지 못할 만큼 심히 모자라는 상태'를 비유하여 이르는 말. ¶ 생필품 기근 현상. 비 기아(饑餓), 고갈(枯渴).
▪ **적신 赤身** | 벌거벗을 적, 몸 신 [nakedness] 벌거벗은[赤] 몸[身].

양 같이 여김을 받았나이다 함과 같으
니라.

37절 그러나 이 모든 일에 우리를
사랑하시는 이로 말미암아 우리가 넉넉
히 이기느니라.

38절 내가 확신하노니 사망이나 생명
이나 천사들이나 권세(權勢)자들이나
현재 일이나 장래(將來) 일이나 능력
이나

39절 높음이나 깊음이나 다른 어떤

**속뜻단어
풀   이**

- **권세(자) 權勢(者)** | 권세 권, 형세 세, 사람 자 [power; authority] 남을 복종하게 하는 힘 (그런 힘을 가진 사람) 비 권력
- **장래 將來** | 앞으로 장, 올 래 [future] ❶ 속뜻 앞으로[將] 닥쳐 올[來] 날. 장래 희망. ❷ 앞날의 전망이나 전도. 그는 장래가
  불확실하다. 비 앞날, 미래(未來).

피조물 (被造物)이라도 우리를 우리 주
그리스도 예수 안에 있는 하나님의 사
랑에서 끊을 수 없으리라.

110
로마서
8장

속뜻단어 풀이
- **피:조-물 被造物** | 당할 피, 만들 조, 만물 물 [creation] ❶ 속뜻 만들어[造]지게[被] 된 만물(萬物). ❷ '우주의 삼라만상'을 이르는 말.
- **그리스도** | [Christ] 기독교 '구세주'(救世主)라는 뜻. 예수.

1. 이제 예수님을 통하여 "죄와 사망의 법"으로부터 해방되고 하나님의 무한한 사랑을 받은(31-39절) 하나님의 '자녀' 된 우리는 이제 어떻게 살아야 합니까?

☞ 너희가 육신(죄를 짓고자 하는 욕구)대로 살면 반드시 (   ) 것이로되,

영(성령의 도우심을 의지하는 믿음)으로써 몸의 행실을 (   ) 살리니, (13절)

2. 우리가 이렇게 살아야 하는 이유는 바로 하나님께서 우리를 구원하신 '목적' 때문인데, 고난까지도 기꺼이 감수하면서 우리가 성취해야 할 그 구원의 목적은 무엇인가요?

☞ 우리가 알거니와, 하나님을 (   )하는 자, 곧 그 뜻대로 부르심을 입은

자들에게는 ('고난'까지 포함하여) 모든 것이 합력하여 (   )을 이루느니라. (17절)

하나님이 미리 아신 자들을 또한 그 아들의 형상(인격과 가치관)을

(   ) 하기 위하여 미리 정하셨으니 (28-29절)

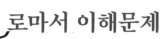

로마서 이해문제

그러므로 이제 그리스도 예수 안에 있는 자에게는 결코 정죄함이 없나니
이는 그리스도 예수 안에 있는 생명의 성령의 법이 죄와 사망의 법에서 너를 해방하였음이라
[로마서 8:1-2]

제 9장

로마서 9장은 인간의 구원이 사람의 노력 이전에 하나님의 주권적인 선택과
은혜를 통하여 이루어진다는 사실을 밝히면서 다시 한 번 믿음의 고백으로
나타나는 하나님께 대한 순종을 강조하고 있다.

	1	절		내	가		그	리	스	도		안	에	서		참	말	을	
하	고		거	짓	말	을		아	니	하	노	라	.		나	에	게		큰
근	심	이		있	는		것	과		마	음	에		그	치	지		않	는
고	통	이		있	는		것	을		내		양	심	(	良	心	)	이	
성	령		안	에	서		나	와		더	불	어		증	언	하	노	니	
	2	절		(	위	에		포	함	)									
	3	절		나	의		형	제		곧		골	육	(	骨	肉	)	의	
친	척	을		위	하	여		내		자	신	이		저	주	를		받	아
그	리	스	도	에	게	서		끊	어	질	지	라	도		원	하	는		바
로	라	.																	

**속뜻단어
풀　　이**

- **근심 (患, 근심 환; 愁, 근심 수; 憂, 근심 우)** | [anxiety; worry] 괴롭게 애를 태우거나 불안해하는 마음. 그녀는 근심이 있다. 비 걱정.
- **양심 良心** | 어질 량, 마음 심 [conscience] ❶ 속뜻 선량(善良)한 마음[心]. ❷ 사물의 가치를 변별하고 자기 행위에 옳고 그름과 선과 악의 판단을 내리는 도덕적 의식. 양심에 걸려서 거짓말은 못하겠다.
- **골육 骨肉** | 뼈 골, 살 육 [bone and flesh; blood relations; kinsfolk] ❶ 속뜻 뼈[骨]와 살[肉]. ❷ 피와 살을 나눈 혈육. 골육지친'(骨肉之親)의 준말.

4절 그들은 이스라엘 사람이라. 그

들에게는 양자 됨과 영광과 언약(言約)

들과 율법을 세우신 것과 예배와 약속

들이 있고

5절 조상들도 그들의 것이요 육신으

로 하면 그리스도가 그들에게서 나셨으

니 그는 만물 위에 계셔서 세세(世世)

에 찬양을 받으실 하나님이시니라. 아

멘.

6절 그러나 하나님의 말씀이 폐하여

속뜻단어 풀 이

▪ **언약 言約** | 말씀 언, 묶을 약 [promise, one's word] 말[言]로 약속(約束)함. 또는 그런 약속. 나는 그녀와 결혼을 언약했다. 비 약속(約束).

▪ **세:세 世世** | 세대 세, 세대 세 [from generation to generation] 한 세대(世代)와 다른 한 세대(世代). 거듭된 세대를 일컬음. 비 대대(代代).

진 것 같지 않도다.   이스라엘에게서

난 그들이 다 이스라엘이 아니요

7절 또한 아브라함의 씨가 다 그의

자녀가 아니라 오직 이삭으로부터 난

자라야 네 씨라 불리리라 하셨으니

8절 곧 육신의 자녀가 하나님의 자

녀가 아니요 오직 약속(約束)의 자녀

가 씨로 여기심을 받느니라.

9절 약속의 말씀은 이것이니 명년

(明年)이 때에 내가 이르리니 사라

속뜻단어
풀   이

- **약속 約束** | 묶을 약, 다발 속 [promise; contract] ❶ 속뜻 다발[束]을 묶음[約]. ❷ 앞으로의 일에 대하여 미리 정하여 둠. 경희와 미리 약속을 해두었다. (비) 언약(言約).
- **명년 明年** | 밝을 명, 해 년 [next year; coming year] 밝아 올[明] 해[年]. 다음 해. (비) 내년(來年).

에게 아들이 있으리라 하심이라.

　10절 그뿐 아니라 또한 리브가가 우

리 조상 이삭 한 사람으로 말미암아

임신(姙娠)하였는데

　11절 그 자식들이 아직 나지도 아니

하고 무슨 선이나 악을 행하지 아니한

때에 택하심을 따라 되는 하나님의 뜻

이 행위(行爲)로 말미암지 않고 오직

부르시는 이로 말미암아 서게 하려 하

사

속뜻단어
풀   이

- **임:신 姙娠** | 아이 밸 임, 아이 밸 신 [pregnant] 아이를 뱀[姙=娠]. 그녀는 임신 7개월이다 / 그녀는 마흔에 첫 아이를 임신했다. 回 잉태(孕胎), 회임(懷妊).
- **행위 行爲** | 행할 행, 할 위 [act] 행동(行動)을 함[爲]. 특히, 자유의사에 따라서 하는 행동을 이른다. 행위예술 / 불법행위. 回 행동(行動).

12절		리	브	가	에	게		이	르	시	되		큰		자	가
어	린		자	를		섬	기	리	라		하	셨	나	니		
13절		기	록	된		바		내	가		야	곱	은		사	랑	하
고		에	서	는		미	워	하	였	다		하	심	과		같	으	니	라.
14절		그	런	즉		우	리	가		무	슨		말	을		하	리
요		하	나	님	께		불	의	(	不	義	)	가		있	느	냐	?
그	럴		수		없	느	니	라.								
15절		모	세	에	게		이	르	시	되		내	가		긍	휼
(	矜	恤	)	히		여	길		자	를		긍	휼	(	矜	恤	)	히
여	기	고		불	쌍	히		여	길		자	를		불	쌍	히		여	기

속뜻단어 풀이

- **불의 不義** | 아닐 불, 옳을 의 [injustice] 옳지[義] 아니한[不] 일. 나는 불의를 보면 참지 못한다. (반) 정의(正義).
- **긍:휼 矜恤** | 아낄 긍, 도울 휼 [pity; sympathy; compassion] 가엾게 여겨[矜] 도와줌[恤]. 불쌍히 여김. 교황은 난민들에게 긍휼을 베풀었다.

리라 하셨으니

16절 그런즉 원하는 자로 말미암음도 아니요 달음박질하는 자로 말미암음도 아니요 오직 긍휼히 여기시는 하나님으로 말미암음이니라.

17절 성경이 바로에게 이르시되 내가 이 일을 위하여 너를 세웠으니 곧 너로 말미암아 내 능력을 보이고 내 이름이 온 땅에 전파(傳播)되게 하려 함이라 하셨으니

속뜻단어 풀이

▪ **달음질** | [running] 달음박질의 준말. 급히 달려가는 걸음. 비 구보(驅步).
▪ **전파 傳播** | 전할 전, 뿌릴 파 [spread; propagate] ❶ 속뜻 전(傳)하여 널리 퍼뜨림[播]. 백제는 불교를 일본에 전파했다.
❷ 물리 파동이 매질 속을 퍼져 가는 일.

18절 그런즉 하나님께서 하고자 하시
는 자를 긍휼히 여기시고 하고자 하시
는 자를 완악(頑惡)하게 하시느니라.
19절 혹 네가 내게 말하기를 그러면
하나님이 어찌하여 허물하시느냐? 누가
그 뜻을 대적하느냐? 하리니
20절 이 사람아 네가 누구이기에 감
히 하나님께 반문(反問)하느냐? 지음
을 받은 물건이 지은 자에게 어찌 나
를 이같이 만들었느냐? 말하겠느냐?

**속뜻단어
풀 이**

- **완악 頑惡** | 완고할 완, 악할 악 [wicked; hard-hearted] 성질이 고집스럽고[頑] 사나울 정도로 악독(惡毒)함. 완악한 줄로만 알았던 그 사람한테도 눈물은 있었다.
- **허물 (罪, 허물 죄; 過, 허물 과)** | [fault] 잘못 저지른 실수, 허물없는 사람은 없다.
- **반:문 反問** | 거꾸로 반, 물을 문 [a cross-question; a counter-question] 거꾸로[反] 되물음[問].

21절 토기장이가 진흙 한 덩이로 하나는 귀히 쓸 그릇을, 하나는 천히 쓸 그릇을 만들 권한(權限)이 없느냐?

22절 만일 하나님이 그의 진노를 보이시고 그의 능력을 알게 하고자 하사 멸하기로 준비된 진노의 그릇을 오래 참으심으로 관용(寬容)하시고

23절 또한 영광 받기로 예비하신 바 긍휼의 그릇에 대하여 그 영광의 풍성(豐盛)함을 알게 하고자 하셨을지라도

속뜻단어 풀이

- **권한 權限** | 권리 권, 끝 한 [right(s) (to); authority; power] 어떤 사람이나 기관의 권리(權利)나 권력(權力)이 미치는 범위[限]. 국회는 법률을 제정할 수 있는 권한이 있다. (비) 권리(權利).
- **관용 寬容** | 너그러울 관, 담을 용 [toleration; tolerance] 남의 잘못을 너그럽게[寬] 받아들이거나[容] 용서함. 또는 그런 용서. 관용을 베풀다. (비) 관면(寬免).
- **풍성 豐盛** | 넉넉할 풍, 가득할 성 [be abundant; plentiful] ❶ 속뜻 넉넉하고[豐] 가득함[盛]. ❷ 넉넉하고 많음. 풍성하게 맺은 열매.

무슨 말을 하리요

　24절 이 그릇은 우리니 곧 유대인

중에서뿐 아니라 이방인(異邦人) 중에

서도 부르신 자니라.

　25절 호세아의 글에도 이르기를 내가

내 백성(百姓) 아닌 자를 내 백성

(百姓)이라, 사랑하지 아니한 자를

사랑한 자라 부르리라.

　26절 너희는 내 백성이 아니라 한

그 곳에서 그들이 살아 계신 하나님의

**속뜻단어
풀   이**

- **이:방-인 異邦人** | 다를 이, 나라 방, 사람 인 [stranger; foreigner] ❶ **속뜻** 다른[異] 나라[邦] 사람[人]. ❷ **기독교** 유대 사람들이
선민(選民) 의식에서 그들 이외의 다른 민족을 얕잡아 이르던 말. ㊫ 이국인(異國人).
- **백성 百姓** | 여러 백, 성씨 성 [people] ❶ **속뜻** 온갖[百] 성씨(姓氏). ❷ 일반 국민. 백성은 나라의 근본이다.

아들이라 일컬음을 받으리라 함과 같으니라.

　27절 또 이사야가 이스라엘에 관하여 외치되 이스라엘 자손(子孫)들의 수가 비록 바다의 모래 같을지라도 남은 자만 구원을 받으리니

　28절 주께서 땅 위에서 그 말씀을 이루고 속히 시행(施行)하시리라 하셨느니라.

　29절 또한 이사야가 미리 말한 바

**속뜻단어
풀　이**
- **일컫다 (稱, 일컬을 칭)** | [call] 무어라 이름 지어 부르거나 가리켜 말하다. 사자를 백수의 왕이라고 일컫는다. 回 이르다 칭(稱)하다.
- **자손 子孫** | 아이 자, 손자 손 [offspring] ❶ 속뜻 자식[子]과 손자(孫子). 그의 자손들은 전국에 흩어져 살고 있다. ❷ 후손이나 후대. 비록 패망한 왕가의 자손이지만, 자존심은 아직 남아 있소.
- **시:행 施行** | 베풀 시, 행할 행 [put in operation; enforce] ❶ 속뜻 실시(實施)하여 행(行)함. 실제로 행함. ❷ 법률 법령의 효력을 실제로 발생시킴.

만일　만군（萬軍）의　주께서　우리에게
씨를　남겨　두지　아니하셨더라면　우리가
소돔과　같이　되고　고모라와　같았으리로
다　함과　같으니라.
　30절　그런즉　우리가　무슨　말을　하리
요　의를　따르지　아니한　이방인（異邦人）
들이　의를　얻었으니　곧　믿음에서　난
의요
　31절　의의　법을　따라간　이스라엘은
율법에　이르지　못하였으니

124
로마서
9장

속뜻단어
풀　　이
- **만:군 萬軍** | 일만 만, 군사 군 [myriad soldiers] ❶ 속뜻 많은[萬] 군사(軍士). ❷ 기독교 우주에 존재하는 모든 것. 비 만유(萬有).
- **이:방-인 異邦人** | 다를 이, 나라 방, 사람 인 [stranger; foreigner] ❶ 속뜻 다른[異] 나라[邦] 사람[人]. ❷ 기독교 유대 사람들이 선민(選民) 의식에서 그들 이외의 다른 민족을 얕잡아 이르던 말. 비 이국인(異國人).

32절　어찌　그러하냐?　이는　그들이　믿음을　의지(依支)하지　않고　행위를　의지(依支)함이라.　·부딪칠　돌에　부딪쳤느니라.

33절　기록된　바　보라!　내가　걸림돌과　거치는　바위를　시온에　두노니　그를　믿는　자는　부끄러움을　당(當)하지　아니하리라　함과　같으니라.

속뜻단어 풀이

- **의지 依支** | 기댈 의, 버틸 지 [lean on] ❶ 속뜻 다른 것에 기대어[依] 몸을 지탱(支撐)함. 또는 그렇게 하는 대상. 문기둥을 의지하여 간신히 서 있다. ❷ 다른 것에 마음을 기대어 도움을 받음. 또는 그렇게 하는 대상. 언니는 나에게 큰 의지가 되었다 / 의지할 수 있는 사람이 필요하다.
- **걸림-돌** | [obstacle, hindrance, stumbling block] ❶ 걸어갈 때 방해가 되는 돌. ❷ 일의 장애가 되는 요소를 비유하는 말. 자금 부족은 연구 발전의 큰 걸림돌이다. ⑪ 장애물(障碍物)
- **당-하다 (當一, 당할 당)** | [have undesirable; go through done] 원치 않는 상황에 처하다[當]. 피해를 당한 사람들이 탄원서를 냈다.

1. 우리가 구원받게 된 원인은 우리 자신의 노력이나 공로가 아니라, 하나님께서 베푸신 선택의 은혜와 그분의 '부르심'에 있다고 성경은 선언합니다. 그러므로 우리는 우리 자신과 인류의 구원을 위해 누구를 더욱 의지하고 찾아야 할까요?

☞ 택하심을 따라 되는 하나님의 뜻이 (   )로 말미암지 않고, 오직 부르시는

( )로 말미암아 서게 하려 하사... 그런즉 원하는 자로 말미암음도 아니요,

달음박질하는 자로 말미암음도 아니요, 오직 긍휼히 여기시는 (   )으로

말미암음이니라. (11, 16절)

2. 이렇듯 구원하시는 하나님(토기장이)의 '주권'을 성경은 어떤 방식으로 표현하는지 19-26절을 다시 한 번 살펴봅시다.

☞ (   )가 진흙 한 덩이로 하나는 귀히 쓸 그릇을, 하나는 천히 쓸

그릇을 만들 (   )이 없느냐? 이 (귀하게 쓸) 그릇은 (   )니, 곧 유대인

중에서 뿐 아니라 이방인 중에서도 (   ) 자니라. (21, 24절)

로마서 이해문제

제 10장

로마서 10장은 전도자를 통하여 전도를 받을 때 예수 그리스도의 주 되심을
인정하는 그 사람의 신앙고백이 그를 구원으로 인도한다는 진리를 거듭 밝히면서 믿음으로
구원을 얻게 하는 그리스도의 말씀, 곧 복음을 듣는 것이 중요하다고 강조하고 있다.

	1	절		형	제	들	아		내		마	음	에		원	하	는		바
와		하	나	님	께		구	하	는		바	는		이	스	라	엘	을
위	함	이	니		곧		그	들	로		구	원	을		받	게		함	이
라	.																		
	2	절		내	가		증	언	(	證	言	)		하	노	니		그	들	이
하	나	님	께		열	심	이		있	으	나		올	바	른		지	식
(	知	識	)	을		따	른		것	이		아	니	니	라	.			
	3	절		하	나	님	의		의	를		모	르	고		자	기		의
를		세	우	려	고		힘	써		하	나	님	의		의	에		복	종
(	服	從	)	하	지		아	니	하	였	느	니	라	.					

**속뜻단어
풀 이**

- **증언 證言 |** 증거 증, 말씀 언 [testify; attest] 법률 증인(證人)으로서 사실을 말함[言]. 또는 그런 말. 목격자의 증언을 듣다.
- **지식 知識 |** 알 지, 알 식 [knowledge; knowhow] 어떤 대상에 대하여 배우거나 실천을 통하여 알게 된[知] 명확한 이해나 인식(認識). 과학에 대한 지식이 풍부하다.
- **복종 服從 |** 따를 복, 따를 종 [obey] ❶ 속뜻 남의 말 따위에 따름[服=從]. ❷남의 명령, 요구, 의지 등에 그대로 따름. 명령에 즉각 복종하다. 반 거역(拒逆), 반항(反抗).

	4	절		그	리	스	도	는		모	든		믿	는		자	에	게	
의	를		이	루	기		위	하	여		율	법	의		마	침	이		되
시	니	라	.																
	5	절		모	세	가		기	록	(	記	錄	)	하	되		율	법	
(	律	法	)	으	로		말	미	암	는		의	를		행	하	는		사
람	은		그		의	로		살	리	라		하	였	거	니	와			
	6	절		믿	음	으	로		말	미	암	는		의	는		이	같	이
말	하	되		네		마	음	에		누	가		하	늘	에		올	라	가
겠	느	냐	?		하	지		말	라		하	니		올	라	가	겠	느	나
함	은		그	리	스	도	를		모	셔		내	리	려	는		것	이	요

129
로마서
10장

**속뜻단어
풀   이**

- **기록 記錄** | 적을 기, 베낄 록 [record] ❶ **속뜻** 적어두고[記] 베껴둠[錄]. ❷ 주로 후일에 남길 목적으로 어떤 사실을 적음.
  또는 그런 글. ❸ 운동 경기 따위에서 세운 성적이나 결과를 수치로 나타낸 것. 그는 세계 최고 기록을 경신했다.
- **율법 律法** | 법칙 률, 법 법 [law; rule] ❶ **속뜻** 규범[律]과 법[法]. ❷ **기독교** 하나님이 인간에게 지키도록 내린 규범을 이르는 말.

7절 혹은 누가 무저갱(無底坑)에
내려가겠느냐? 하지 말라 하니 내려가
겠느냐 함은 그리스도를 죽은 자 가운
데서 모셔 올리려는 것이라.
8절 그러면 무엇을 말하느냐? 말씀
이 네게 가까워 네 입에 있으며 네
마음에 있다 하였으니 곧 우리가 전파
(全破)하는 믿음의 말씀이라.
9절 네가 만일 네 입으로 예수를
주로 시인하며 또 하나님께서 그를 죽

■ **무저갱 無底坑** | 없을 무, 밑 저, 구덩이 갱 [abyss, chasm, bottomless pit] 악마가 벌을 받아 떨어진다는 끝[底]없는[無] 구렁텅이[坑].
■ **전파 傳播** | 전할 전, 뿌릴 파 [spread; propagate] ❶ 속뜻 전(傳)하여 널리 퍼뜨림[播]. 백제는 불교를 일본에 전파했다.
❷ 물리 파동이 매질 속을 퍼져 가는 일.

은 자 가운데서 살리신 것을 네 마음
에 믿으면 구원을 받으리라.
  10절 사람이 마음으로 믿어 의에 이
르고 입으로 시인 (是 認) 하여 구원에
이르느니라.
  11절 성경에 이르되 누구든지 그를
믿는 자는 부끄러움을 당하지 아니하리
라 하니
  12절 유대인이나 헬라인이나 차별 (差
別) 이 없음이라.   한 분이신 주께서

속뜻단어
풀   이

▪ **시:인 是認** | 옳을 시, 알 인 [approve of; acknowledge] 옳다고[是] 인정(認定)함. 민지는 자기 잘못을 시인했다. ㉫ 부인(否認).
▪ **차별 差別** | 다를 차, 나눌 별 [discriminate against] ❶ 속뜻 다르게[差] 나눔[別]. ❷ 차등이 있게 구별함. 인종 차별 / 이 제품은 품질부터 차별된다. ㉫ 평등(平等).

모든　　사람의　　주（主）가　　되사　　그를　　부
르는　　모든　　사람에게　　부요（富饒）하시도
다.
　　13절　　누구든지　　주의　　이름을　　부르는
자는　　구원（救援）을　　받으리라.
　　14절　　그런즉　　그들이　　믿지　　아니하는
이를　　어찌　　부르리요　　듣지도　　못한　　이를
어찌　　믿으리요　　전파하는　　자가　　없이　　어
찌　　들으리요
　　15절　　보내심을　　받지　　아니하였으면　　어

**속뜻단어
풀　　이**

- **주 主 | 주될 주 [principal part; Lord] ❶** 주요(主要)하거나 기본이 되는 것을 이르는 말. 이 고장은 농업이 주를 이룬다.
  ❷ 기독교 하나님이나 예수님을 이르는 말. 주께서 늘 살펴 주시옵소서.
- **부요 富饒 | 부유할 부, 넉넉할 요 [rich; wealthy]** 재산(財産)이나 재물(財物)이 썩 많고 넉넉함 비 부유
- **구:원 救援 | 건질 구, 당길 원 [rescue; relieve] ❶** 속뜻 물에 빠진 사람을 건져주기[救] 위해 잡아당김[援]. **❷** 어려움이나 위험에 빠진 사람을 구하여 줌. 구원의 손길 / 구원이 우환이라. **❸** 기독교 인류를 죽음과 고통과 죄악에서 건져내는 일. 인간의 영혼을 죄에서 구원하다.

찌 전파하리요 기록된 바 아름답도다.
좋은 소식(消息)을 전하는 자들의 발
이여 함과 같으니라.
  16절 그러나 그들이 다 복음(福音)
을 순종하지 아니하였도다. 이사야가
이르되 주여 우리가 전한 것을 누가
믿었나이까 하였으니
  17절 그러므로 믿음은 들음에서 나며
들음은 그리스도의 말씀으로 말미암았느
니라.

속뜻단어 풀이

▪ **소식 消息** | 사라질 소, 불어날 식 [news; information] ❶ 속뜻 사라짐[消]과 불어남[息]. ❷ '변화', '증감', '동정', '사정', '안부', '편지' 같은 의미로 쓰임. 요즘은 그 친구 소식이 뜸하다.
▪ **복음 福音** | 복 복, 소리 음 [glad tidings; (Christian) Gospel] ❶ 속뜻 복(福) 받을 기쁜 소식[音]. ❷ 기독교 예수의 가르침. 또는 예수에 의한 인간 구원의 길. ❸ 기독교 복음서(福音書).

	18	절		그	러	나		내	가		말	하	노	니		그	들	이	
들	지		아	니	하	였	느	냐	?		그	렇	지		아	니	하	니	
그		소	리	가		온		땅	에		퍼	졌	고		그		말	씀	이
땅	끝	까	지		이	르	렀	도	다		하	였	느	니	라	.			
	19	절		그	러	나		내	가		말	하	노	니		이	스	라	엘
이		알	지		못	하	였	느	냐	?		먼	저		모	세	가		이
르	되		내	가		백	성		아	닌		자	로	써		너	희	를	
시	기	하	게		하	며		미	련	한		백	성	으	로	써		너	희
를		노	엽	게		하	리	라		하	였	고							
	20	절		이	사	야	는		매	우		담	대	(	膽	大	)	하	여

> **속뜻단어
> 풀　이**
>
> ▪ **미련하다** | [stupid, foolish, silly] 터무니없는 고집을 부릴 정도로 매우 어리석고 둔하다. 돈을 아끼려고 아픈 것을 참다니, 너도 참 미련하다! ⒝ 아둔하다, 우둔하다, 덜되다
> ▪ **담대 膽大** | 쓸개 담, 클 대 [bold; intrepid] ❶ 속뜻 담력(膽力)이 큼[大]. ❷ 겁이 전혀 없고 배짱이 두둑함. 그의 담대함에 놀랐다. ⒝ 대담(大膽)하다.

내가 나를 찾지 아니한 자들에게 찾은

바 되고 내게 묻지 아니한 자들에게

나타났노라 말하였고

21절 이스라엘에 대하여 이르되 순종

하지 아니하고 거슬러 말하는 백성에게

내가 종일(終日) 내 손을 벌렸노라

하였느니라.

속뜻단어
풀   이

- **순:종 順從** | 따를 순, 따를 종 [obey; submit] 순순(順順)히 따름[從]. 나는 부모님 말씀에 순종했다.
- **거스르다** | [go against; oppose] 따르지 않고 거역(拒逆)하다. 지시를 거스르다 / 비위를 거스르다. ⓑ 어기다.
- **종일 終日** | 끝마칠 종, 날 일 [all the day] 하루[日]가 다 끝날[終] 때까지. 오늘은 종일 흐려서 빨래를 할 수 없었다. ⓑ 온종일, 진종일.

1. 구원얻는 '길'이 무엇인지, "율법의 마침이 되시는 그리스도"(4절)를 어떻게 믿을 수 있는지 성경의 설명에 귀를 귀울여보세요.

☞ 네가 만일 (입술로)예수를 주로 (   )하며, 또 하나님께서 그를 죽은 자 가운데서 살리신 것을 네 (   )에 믿으면 구원을 얻으리라. (9-10절)

2. 복음이 전해지는 과정과, 한 사람에게 있어서 믿음의 고백이 있기까지의 과정을 찾아보면서 우리가 힘써야 할 일이 무엇인지 생각해봅시다.

☞ 누구든지 주의 이름을 (   ) 자는 구원을 받으리라. 그런즉 그들이 (   ) 아니하는 이를 어찌 부르리요. (   )도 못한 이를 어찌 믿으리요. (   )하는 자가 없이 어찌 들으리요. (   )을 받지 아니하였으면 어찌 전파하리요. 기록된 바 "아름답도다 좋은 소식을 전하는 자들의 발이여" 함과 같으니라.   (13-15절)

로마서 이해문제

제 11장

로마서 11장은 믿는 사람들의 구원이 우리의 공로나 의지에 달린 것이 아니라
모든 민족 가운데서 친히 구원받을 자를 선택하신 '하나님의 주권'(32절)에 의한 것임을
우리가 인정하고 겸손하게 하나님을 섬겨야 한다고 가르쳐주고 있다.

1절 그러므로 내가 말하노니 하나님이 자기 백성을 버리셨느냐? 그럴 수 없느니라. 나도 이스라엘인이요 아브라함의 씨에서 난 자요 베냐민 지파(支派)라.

2절 하나님이 그 미리 아신 자기 백성을 버리지 아니하셨나니 너희가 성경이 엘리야를 가리켜 말한 것을 알지 못하느냐? 그가 이스라엘을 하나님께 고발(告發)하되

속뜻단어 풀이

- **지파 支派** | 가를 지, 갈래 파 [lateral branch; scion of a family] ❶ **속뜻** 종파(宗派)에서 갈라져[支] 나간 파(派). 맏이가 아닌 자손에서 갈라져 나간 파를 일컫는다. ❷ **기독교** 이스라엘의 12지파를 이르는 말. ⓑ 세파(世派).
- **고:발 告發** | 알릴 고, 드러낼 발 [accusation; charge] ❶ **속뜻** 잘못이나 비리 따위를 알려[告] 드러냄[發]. ❷ 피해자나 고소권자가 아닌 제삼자가 수사 기관에 범죄 사실을 신고하여 수사 및 범인의 기소를 요구하는 일. 경찰에 사기꾼을 고발하다.

３절 주여 그들이 주의 선지자(先知
者)들을 죽였으며 주의 제단(祭壇)들
을 헐어 버렸고 나만 남았는데 내 목
숨도 찾나이다 하니
４절 그에게 하신 대답(對答)이 무
엇이냐? 내가 나를 위하여 바알에게
무릎을 꿇지 아니한 사람 칠천 명을
남겨 두었다 하셨으니
５절 그런즉 이와 같이 지금도 은혜
로 택하심을 따라 남은 자가 있느니라.

속뜻단어
풀　이

- **선지-자 先知者** | 먼저 선, 알 지, 사람 자 [prophet; prophetess] ❶ 속뜻 세상일을 남보다 먼저[先] 깨달아 아는[知] 사람[者]. 선각자(先覺者). 지난날 '예언자(預言者)'를 이르던 말.
- **제:단 祭壇** | 제사 제, 단 단 [altar] ❶ 속뜻 제사(祭祀)를 지내는 단(壇). ❷ 종교 제물(祭物)을 바치기 위하여 다른 곳과 구별하여 마련한 신성한 단(壇). 종교적으로 의례의 중심을 이룬다.
- **대:답 對答** | 대할 대, 답할 답 [answer; reply] ❶ 속뜻 묻는 말에 대(對)하여 답(答)함. 선생님의 질문에 대답했다. ❷ 어떤 문제를 푸는 실마리. 또는 그 해답. 잘 생각해보면 대답을 찾을 수 있다. 비 응답(應答), 답변(答辯), 해답(解答). 반 질문(質問).

	6	절		만	일		은	혜	로		된		것	이	면		행	위	로
말	미	암	지		않	음	이	니		그	렇	지		않	으	면		은	혜
가		은	혜		되	지		못	하	느	니	라	.						
	7	절		그	런	즉		어	떠	하	냐	?		이	스	라	엘	이	
구	하	는		그	것	을		얻	지		못	하	고		오	직		택	하
심	을		입	은		자	가		얻	었	고		그		남	은		자	들
은		우	둔	(	愚	鈍	)	하	여	졌	느	니	라	.					
	8	절		기	록	된		바		하	나	님	이		오	늘	까	지	
그	들	에	게		혼	미	(	昏	迷	)	한		심	령	(	心	靈	)	과
보	지		못	할		눈	과		듣	지		못	할		귀	를		주	셨

**속뜻단어
풀　　　이**

- **우둔 愚鈍** | 어리석을 우, 둔할 둔 [stupid] 어리석고[愚] 둔(鈍)함. 그녀는 정말 우둔하다. ㉰ 총명(聰明)하다, 똑똑하다.
- **혼미 昏迷** | 어두울 혼, 헤맬 미 [stupefied; confused] ❶ 속뜻 어두워[昏] 길을 잃고 헤맴[迷]. ❷ 정신이 흐리어 갈피를 못 잡음. 혼미 상태 / 정신이 혼미하다.
- **심령 心靈** | 마음 심, 심령 령 [spirit; soul] 마음[心]속의 영혼(靈魂). 정신의 근원이 되는 의식의 본바탕.

다 함과 같으니라.

9절 또 다윗이 이르되 그들의 밥상
이 올무와 덫과 거치는 것과 보응 (報
應)이 되게 하시옵고

10절 그들의 눈은 흐려 보지 못하고
그들의 등은 항상 굽게 하옵소서 하였
느니라.

11절 그러므로 내가 말하노니 그들이
넘어지기까지 실족 (失足)하였느냐? 그
럴 수 없느니라. 그들이 넘어짐으로

속뜻단어
풀   이

- **올무 |** [noose] 새나 짐승을 잡는 올가미. 올무를 놓아 새를 잡았다.
- **보:응 報應 |** 갚을 보, 받을 응 [retribution] 착한 일과 악한 일이 그 원인과 결과에 따라 대갚음[報]을 받음[應]. 사람은 그 모든 행실에 보응이 따른다.
- **실족 失足 |** 잃을 실, 발 족 [lose(miss) one's footing] ❶ 속뜻 발[足]을 잘못 디딤[失]. ❷ 행동을 잘못함.

구원이　이방인에게　이르러　이스라엘로

시기나게　함이니라.

　12절　그들의　넘어짐이　세상의　풍성함

이　되며　그들의　실패가　이방인의　풍성

함이　되거든　하물며　그들의　충만（充滿）

함이리요？

　13절　내가　이방인인　너희에게　말하노

라.　내가　이방인의　사도인　만큼　내

직분을　영광스럽게　여기노니

　14절　이는　혹　내　골육（骨肉）을　아

속뜻단어 풀　이

- **충만 充滿** | 채울 충, 넘칠 만 [full] 넘치도록[滿] 가득 채움[充]. 마음에 기쁨이 충만하다 / 그 안내서는 유익한 기사로 충만하다.
- **골육 骨肉** | 뼈 골, 살 육 [bone and flesh; blood relations; kinsfolk] ❶ 속뜻 뼈[骨]와 살[肉]. ❷ 피와 살을 나눈 혈육. '골육지친'(骨肉之親)의 준말.

무쪼록　　시기（猜忌）하게　　하여　　그들　중

에서　얼마를　구원하려　　함이라.

　15절　그들을　버리는　　것이　세상의　화

목이　되거든　그　받아들이는　　것이　죽은

자　가운데서　살아나는　　것이　아니면　무

엇이리요？

　16절　제사（祭祀）하는　처음　익은　곡

식（穀食）　가루가　거룩한즉　떡덩이도

그러하고　뿌리가　거룩한즉　가지도　그러

하니라.

**속뜻단어
풀　　　이**

- **시기 猜忌** | 샘할 시, 미워할 기 [be jealous of; be envious of; envy] 시샘하여[猜] 미워함[忌]. 사람들은 그의 성공을 시기했다. ⽐ 샘, 질투.
- **제:사 祭祀** | 제사 제, 제사 사 [religious service; sacrificial rites] 신령이나 죽은 사람의 넋에게 정성을 다하여 제물(祭物)을 바쳐 추모하고 복을 비는 의식[祀]. 제사를 지내다 / 제삿날.
- **곡식 穀食** | 곡물 곡, 밥 식 [grain] 곡물[穀]로 만든 먹을거리[食]. 또는 그 곡물. 곡식이 잘 익었다.

17	절		또	한		가	지		얼	마	가		꺾	이	었	는	데	
돌	감	람	나	무	인		네	가		그	들		중	에		접	붙	임	이
되	어		참	감	람	나	무		뿌	리	의		진	액	(	津	液	)	을
함	께		받	는		자	가		되	었	은	즉							
	18	절		그		가	지	들	을		향	하	어		자	랑	하	지
말	라	.		자	랑	할	지	라	도		네	가		뿌	리	를		보	전
(	保	全	)	하	는		것	이		아	니	요		뿌	리	가		너	를
보	전	(	保	全	)	하	는		것	이	니	라	.					
	19	절		그	러	면		네		말	이		가	지	들	이		꺾	인
것	은		나	로		접	붙	임	을		받	게		하	려		함	이	라

속뜻단어 풀이

- **진액 津液** | 끈끈할 진, 진 액 [resin; sap; juice] 생물의 몸 안에서 생겨나는 진(津)이나 액체(液體). 수액이나 체액 따위를 이른다.
- **보전 保全** | 지킬 보, 온전할 전 [preservation; conservation] 온전하게[全] 잘 지킴[保]. 환경보전.

하리니

20절 옳도다. 그들은 믿지 아니하므로 꺾이고 너는 믿으므로 섰느니라. 높은 마음을 품지 말고 도리어 두려워하라.

21절 하나님이 원 가지들도 아끼지 아니하셨은즉 너도 아끼지 아니하시리라.

22절 그러므로 하나님의 인자(仁慈)하심과 준엄(峻嚴)하심을 보라 넘어지는 자들에게는 준엄(峻嚴)하심이 있으

속뜻단어
풀   이

- **인자 仁慈** | 어질 인, 사랑할 자 [be benevolent] 마음이 어질고[仁] 남을 사랑함[慈]. 할머니는 늘 인자한 미소로 나를 반겨주셨다.
- **준:엄 峻嚴** | 엄할 준, 엄할 엄 [stern; severe] 매우 엄함[峻=嚴]. 준엄한 목소리로 꾸짖다.

니 너희가   만일   하나님의   인자하심에
머물러   있으면   그   인자가   너희에게   있
으리라.   그렇지   않으면   너도   찍히는
바 되리라.

23절   그들도   믿지   아니하는   데 머무
르지   아니하면   접(椄) 붙임을   받으리니
이는   그들을   접붙이실   능력이   하나님께
있음이라.

24절   네가   원   돌감람나무에서   찍힘을
받고   본성(本性)을   거슬러   좋은   감람

속뜻단어
풀   이

▪ **접-붙임 椄-** | 접붙일 접 [inoculation] ❶ 나무에 접을 붙임. ❷ '교배하다'를 비유적으로 이르는 말.
▪ **본성 本性** | 뿌리 본, 성질 성 [original nature] 사람의 타고난 본래(本來)의 성질(性質). 인간은 선한 본성을 가지고 있다.
　🅱 천성(天性).

나무에 접붙임을 받았으니 원 가지인
이 사람들이야 얼마나 더 자기 감람나
무에 접붙이심을 받으랴?
　25절 형제들아 너희가 스스로 지혜
있다 하면서 이 신비(神秘)를 너희가
모르기를 내가 원하지 아니하노니 이
신비는 이방인의 충만한 수가 들어오기
까지 이스라엘의 더러는 우둔(愚鈍)하
게 된 것이라.
　26절 그리하여 온 이스라엘이 구원을

속뜻단어 풀 이

- **신비 神秘** | 귀신 신, 비밀 비 [mysterious; magical] 매우 신기(神奇)하여 그 이치 등을 알기 어려움[秘]. 자연의 신비를 풀다 / 모나리자의 미소는 매우 신비하다 / 이 돌은 매우 신비스럽다.
- **우둔 愚鈍** | 어리석을 우, 둔할 둔 [stupid] 어리석고[愚] 둔(鈍)함. 그녀는 정말 우둔하다. (반) 총명(聰明)하다, 똑똑하다.

받으리라.   기록된   바   구원자가   시온에
서   오사   야곱에게서   경건(敬虔)하지
않은   것을   돌이키시겠고
27절   내가   그들의   죄를   없이   할   때
에   그들에게   이루어질   내   언약이   이것
이라   함과   같으니라.
28절   복음으로   하면   그들이   너희로
말미암아   원수(怨讐)   된   자요   택하심
으로   하면   조상(祖上)들로   말미암아
사랑을   입은   자라.

속뜻단어
풀   이

- **경:건 敬虔** | 공경할 경, 정성 건 [devout; pious] 공경(恭敬)하는 마음으로 삼가며[虔] 조심성이 있음. 경건한 마음으로 기도를 드리다.
- **원:수 怨讐** | 미워할 원, 원수 수 [enemy; foe] 자기 또는 자기 집이나 나라에 해를 끼쳐 원한(怨恨)이 맺힌 사람[讐]. 아버지의 원수를 갚다. 딴 은인(恩人). 속담 원수는 외나무다리에서 만난다.
- **조상 祖上** | 할아버지 조, 위 상 [ancestor; forefather] ❶ 속뜻 선조(先祖)가 된 윗[上]세대의 어른. 우리는 조상 대대로 이 마을에서 살아왔다. ❷ 자기 세대 이전의 모든 세대. 한글에는 조상들의 슬기와 지혜가 담겨 있다. 딴 자손(子孫).

29절		하	나	님	의		은	사	와		부	르	심	에	는		후
회	(	後	悔	)	하	심	이		없	느	니	라	.			
	30절		너	희	가		전	에	는		하	나	님	께		순	종	하
지		아	니	하	더	니		이	스	라	엘	이		순	종	하	지		아
니	함	으	로		이	제		긍	휼	(| 矜 | 恤 |)	을		입	었	는	지
라	.															
	31절		이	와		같	이		이		사	람	들	이		순	종	하
지		아	니	하	니		이	는		너	희	에	게		베	푸	시	는
긍	휼	로		이	제		그	들	도		긍	휼	을		얻	게		하	려
하	심	이	라	.												

149
로마서
11장

속뜻단어
풀   이

- **후:회 後悔** | 뒤 후, 뉘우칠 회 [repantance] 어떤 일이 벌어진 뒤[後]에야 잘못을 뉘우침[悔]. 최선을 다하면 후회가 없다 / 이제 와서 후회해도 소용이 없다.
- **긍:휼 矜恤** | 아낄 긍, 도울 휼 [pity; sympathy; compassion] 가엾게 여겨[矜] 도와줌[恤]. 불쌍히 여김. 교황은 난민들에게 긍휼을 베풀었다.

32절 하나님이 모든 사람을 순종하지 아니하는 가운데 가두어 두심은 모든 사람에게 긍휼을 베풀려 하심이로다.

33절 깊도다. 하나님의 지혜(智慧)와 지식의 풍성함이여, 그의 판단(判斷)은 헤아리지 못할 것이며 그의 길은 찾지 못할 것이로다.

34절 누가 주의 마음을 알았느냐? 누가 그의 모사(謀士)가 되었느냐?

35절 누가 주께 먼저 드려서 갚으심

속뜻단어 풀이

- **지혜 智慧** | 슬기 지, 슬기로울 혜 [wisdom] ❶ 속뜻 슬기롭고[智] 총명함[慧]. ❷ 사물의 이치를 빨리 깨닫고 사물을 정확하게 처리하는 능력. 조상들의 지혜가 담긴 문화 / 문제를 지혜롭게 해결하다. ❸ 속뜻 육바라밀의 하나. 제법(諸法)에 환하여 잃고 얻음과 옳고 그름을 가려내는 마음의 작용. 비 슬기.
- **판단 判斷** | 판가름할 판, 끊을 단 [judgment; decision] 판가름하여[判] 단정(斷定)함. 정확한 판단을 내리다 / 너무 성급하게 판단하지 마라.
- **모사 謀士** | 꾀할 모, 선비 사 [tactician] 꾀를 잘 내어 일을 잘 이루게 하는 사람. 남을 도와 꾀를 내는 사람.

을		받	겠	느	냐	?										
	36	절		이	는		만	물	(	萬	物	)	이		주	에 게 서
나	오	고		주	로		말	미	암	고		주	에	게	로	돌 아 감
이	라	.		그	에	게		영	광	이		세	세	(	世	世) 에
있	을	지	어	다	.		아	멘	.							

**속뜻단어
풀   이**

- **만:물 萬物** | 일만 만, 만물 물 [all things; all creation] ❶ **속뜻** 온갖[萬] 물건(物件). ❷ 우주에 존재하는 모든 것. 인간은 만물의 영장(靈長)이다. 비 만유(萬有).
- **세:세 世世** | 세대 세, 세대 세 [from generation to generation] 한 세대(世代)와 다른 한 세대(世代). 거듭된 세대를 일컬음. 비 대대(代代).

1. 하나님의 은혜로 구원받는 우리가 하나님 앞에서 품어야 할 마음은 어떤 것일까요?

☞ 옳도다. 그들은 (   ) 아니하므로 꺾이고, 너는 (   )으로 섰느니라.

높은 마음을 품지 말고 도리어 (   )하라. (20절)

2. 하나님께서 모든 사람에게 예외 없이, 오직 믿음으로 죄사함과 구원을 주시는("믿음의 법으로",

3장 27절) 이유는 무엇이라고 말씀하고 있나요?

☞ 하나님이 (   ) 사람을 순종하지 아니하는 가운데 가두어 두심은

모든 사람에게 (   )을 베풀려 하심이로다. (32절)

로마서 이해문제

제 12장

로마서 12장은 하나님의 구원의 은혜에 감사하는 모든 그리스도인에게 있어
마땅한 예배가 무엇인지를 가르쳐준다. 하나님의 선하신 뜻을 분별하고 실천하는 예배의 삶은
성경의 지침을 따라 하나님께 받은 은사와 재능을 계발하여 이웃을 사랑하는 일에
사용하는 생활이라는 점을 강조하고 있다.

1절 그러므로 형제들아 내가 하나님의 모든 자비(慈悲)하심으로 너희를 권하노니 너희 몸을 하나님이 기뻐하시는 거룩한 산 제물(祭物)로 드리라. 이는 너희가 드릴 영적 예배니라.

2절 너희는 이 세대를 본받지 말고 오직 마음을 새롭게 함으로 변화를 받아 하나님의 선하시고 기뻐하시고 온전하신 뜻이 무엇인지 분별(分別)하도록 하라.

154
로마서
12장

속뜻단어 풀이

- **자비 慈悲** | 사랑할 자, 슬플 비 [mercy] 속뜻 고통 받는 이를 사랑하고[慈] 같이 슬퍼함[悲]. 또는 그런 마음. 자비를 베풀다.
- **제:물 祭物** | 제사 제, 만물 물 [things offered in sacrifice] ❶ 속뜻 제사(祭祀)에 쓰는 음식물(飮食物). 양을 제물로 바치다.
  ❷ 희생된 물건이나 사람 따위를 비유하여 이르는 말. 비 제수(祭需), 품(祭品), 천수(薦羞).
- **분별 分別** | 나눌 분, 나눌 별 [discernment; (good) judgment] ❶ 속뜻 일이나 사물을 나누어[分] 구별(區別)함. 이 다이아몬드는 진짜인지 가짜인지 분별하기가 어렵다. ❷ 무슨 일을 사리에 맞게 판단함. 또는 그 판단력. 그는 분별 있게 행동하는 사람이다.
  ❸ 화학 혼합물을 단계적으로 분리하는 일.

	3	절		내	게		주	신		은	혜	로		말	미	암	아		너
희		각		사	람	에	게		말	하	노	니		마	땅	히		생	각
할		그		이	상	의		생	각	을		품	지		말	고		오	직
하	나	님	께	서		각		사	람	에	게		나	누	어		주	신	
믿	음	의		분	량	(	分	量	)	대	로		지	혜	롭	게		생	각
하	라	.																	
	4	절		우	리	가		한		몸	에		많	은		지	체	(	肢
體	)	를		가	졌	으	나		모	든		지	체	(	肢	體	)	가	
같	은		기	능	(	技	能	)	을		가	진		것	이		아	니	니
	5	절		이	와		같	이		우	리		많	은		사	람	이	

155
로마서
12장

속뜻단어
풀 이

- **분량 分量** | 나눌 분, 분량 량 [quantity; amount] ❶ 속뜻 나눈[分] 단위의 양(量). ❷ 수효, 무게 따위의 많고 적음이나 부피의 크고 작은 정도. 찻숟가락 세 개 분량의 설탕을 넣으시오.
- **지체 肢體** | 사지 지, 몸 체 [whole body] 사지(四肢)와 몸통[體]을 통틀어 이르는 말.
- **기능 技能** | 재주 기, 능할 능 [(technical) skill; ability] 기술적(技術的)인 능력(能力)이나 재능. 기능을 갈고 닦아 다시 도전하겠다. ⓑ 기량(技倆).

그리스도　안에서　한　몸이　되어　서로

지체가　되었느니라.

　6절　우리에게　주신　은혜대로　받은

은사（恩賜）가　각각　다르니　혹　예언

（豫言）이면　믿음의　분수대로,

　7절　혹　섬기는　일이면　섬기는　일로,

혹　가르치는　자면　가르치는　일로,

　8절　혹　위로（慰勞）하는　자면　위로

（慰勞）하는　일로,　구제하는　자는　성

실함으로,　다스리는　자는　부지런함으로,

**속뜻단어
풀　　이**

- **은사 恩賜** | 은혜 은, 줄 사 [spiritual gift] ❶ 은혜(恩惠)를 베풀어 임금이 신하나 백성에게 내려줌[賜]. 또는 그 물건
  ❷ 기독교 하나님이 준 재능
- **예:언 豫言** | = , 미리 예, 말씀 언 [prophecy; prediction] ❶ 속뜻 미리[豫] 하는 말[言]. ❷ 미래에 일어날 일을 미리 알아서 말하는 것.
  또는 그런 말. 점쟁이의 예언이 빗나갔다.
- **위로 慰勞** | 달랠 위, 일할 로 [consolation; comfort] 수고로움[勞]이나 아픔을 달램[慰]. 어떻게 위로의 말씀을 드려야 할지 모르겠습니다
  / 어머니는 기회가 또 있을 것이라며 나를 위로했다.

긍휼을　　베푸는　　자는　　즐거움으로　　할　　것

이니라.

　　9절　　사랑에는　　거짓이　　없나니　　악을

미워하고　　선에　　속하라.

　　10절　　형제를　　사랑하여　　서로　　우애(友

愛)하고　　존경(尊敬)하기를　　서로　　먼저

하며

　　11절　　부지런하여　　게으르지　　말고　　열심

을　　품고　　주를　　섬기라.

　　12절　　소망　　중에　　즐거워하며　　환난　　중

속뜻단어 풀이

- **우:애 友愛** | 벗 우, 사랑 애 [friendship; brotherliness] ❶ 속뜻 벗[友] 사이의 정[愛]. ❷ 형제 사이의 정이나 사랑. 우애로운 형제 / 그 형제는 우애가 두텁기로 소문났다. ⒝ 우의(友誼).
- **존경 尊敬** | 높을 존, 공경할 경 [respect] 남의 인격, 사상, 행위 따위를 높이[尊] 받들어 공경(恭敬)함. 세종대왕은 존경스러운 위인이다. ⒝ 무시(無視), 멸시(蔑視).

에　참으며　기도에　항상　힘쓰며

　13절　성도들의　쓸　것을　공급（供給）

하며　손　대접하기를　힘쓰라.

　14절　너희를　박해하는　자를　축복하라.

축복（祝福）하고　저주（詛呪）하지　말라

　15절　즐거워하는　자들과　함께　즐거워

하고　우는　자들과　함께　울라.

　16절　서로　마음을　같이하며　높은　데

마음을　두지　말고　도리어　낮은　데　처

하며　스스로　지혜　있는　체하지　말라.

**속뜻단어
풀　　이**

- **공:급 供給** | 드릴 공, 줄 급 [supply; provision] ❶ 속뜻 물품 따위를 제공(提供)하여 줌[給]. ❷ 경제 교환하거나 판매하기 위하여 시장에 재화나 용역을 제공하는 일. 이재민들에게 물을 공급하다. 비 제공(提供), 조달(調達). 반 수요(需要).
- **축복 祝福** | 빌 축, 복 복 [blessing; bless] ❶ 속뜻 행복(幸福)하기를 빎[祝]. 신랑, 신부의 앞날을 축복해 줍시다. ❷ 기독교 하나님이 복을 내림. 신의 축복이 있기를! 비 축하(祝賀), 기복(祈福).
- **저:주 詛呪** | 욕할 저, 빌 주 [curse; execrate] 미운 이에게 욕하며[詛] 재앙이나 불행이 닥치기를 빎[呪]. 저주의 말을 퍼붓다. 반 축복(祝福).

17절 아무에게도 악을 악으로 갚지 말고 모든 사람 앞에서 선한 일을 도모하라.

18절 할 수 있거든 너희로서는 모든 사람과 더불어 화목(和睦)하라.

19절 내 사랑하는 자들아 너희가 친히 원수를 갚지 말고 하나님의 진노(震怒)하심에 맡기라 기록되었으되 원수 갚는 것이 내게 있으니 내가 갚으리라고 주께서 말씀하시니라.

속뜻단어 풀이
- **화목 和睦** | 어울릴 화, 친할 목 [peace] 서로 잘 어울리고[和] 친하게[睦] 지냄. 무엇보다 가족의 화목이 제일이다.
- **진:노 震怒** | 벼락 진, 성낼 노 [wrath; be enraged; be fill with wrath] 존엄한 존재가 벼락[震]같이 크게 성냄[怒]. 신의 진노를 부르다 / 할아버지가 몹시 진노하셨다.

20절 네 원수(怨讐)가 주리거든 먹이고 목마르거든 마시게 하라. 그리함으로 네가 숯불을 그 머리에 쌓아 놓으리라.

21절 악에게 지지 말고 선으로 악을 이기라.

속뜻단어
풀　　이

- **원:수 怨讐** | 미워할 원, 원수 수 [enemy; foe] 자기 또는 자기 집이나 나라에 해를 끼쳐 원한(怨恨)이 맺힌 사람[讐]. 아버지의 원수를 갚다. 땐 은인(恩人). 속담 원수는 외나무다리에서 만난다.
- **주:리다 (飢, 주릴 기; 餓, 굶주릴 아)** | [starve] 먹을 것을 양껏 먹지 못해 배곯다. 배를 주리던 시절. 땐 굶주리다, 허기(虛飢)지다.

1. 하나님이 기뻐하시는 예배는 어떤 것인지 말씀을 통하여 생각해보세요.

☞ 너희는 이 세대를 본받지 (   ), 오직 마음을 새롭게 함으로 변화를 받아

하나님의 선하시고 기뻐하시고 온전하신 뜻이 무엇인지 (   )하도록 하라. (1-2절)

2. 하나님의 뜻을 분별하여 순종하는 구체적인 삶의 모습은 어떤 것인지 알아보세요.

☞ 형제를 사랑하여 서로 우애하고, (   )하기를 서로 먼저하며,

(   )하여 게으르지 말고, 열심을 품고 주를 섬기라. 소망 중에

즐거워하며, 환난 중에 (   ), 기도에 항상 힘쓰며,

성도들의 쓸 것을 공급하며 손 (   )하기를 힘쓰라.   (10-13절)

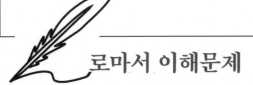 로마서 이해문제

그러므로 형제들아 내가 하나님의 모든 자비하심으로 너희를 권하노니
너희 몸을 하나님이 기뻐하시는 거룩한 산 제물로 드리라 이는 너희가 드릴 영적 예배니라
[로마서 12:1]

제 13장

로마서 13장은 국가에 대한 신자의 올바른 태도와 의무로서 법을 지키고
세금을 성실하게 납부할 것을 명령한다. 아울러 깨어있는 신자는 죄를 피하고
이웃을 사랑하는 사람이라는 사실을 다시금 강조한다.

1절 각 사람은 위에 있는 권세들에게 복종하라. 권세(權勢)는 하나님으로부터 나지 않음이 없나니 모든 권세(權勢)는 다 하나님께서 정하신 바라.

2절 그러므로 권세(權勢)를 거스르는 자는 하나님의 명을 거스름이니 거스르는 자들은 심판을 자취(自取)하리라.

3절 다스리는 자들은 선한 일에 대하여 두려움이 되지 않고 악한 일에

속뜻단어
풀 이

▪ **권세 權勢** | 권력 권, 세력 세 [power; influence] 권력(權力)과 세력(勢力)을 아울러 이르는 말. 권세를 부리다.
▪ **자취 自取** | 스스로 자, 가질 취 [bring judgement on oneself] 제 스스로[自] 만들어서 그런 결과를 얻음[取].

대하여 되나니 네가 권세를 두려워하지
아니하려느냐? 선을 행하라. 그리하면
그에게 칭찬을 받으리라.
4절 그는 하나님의 사역(使役)자가
되어 네게 선을 베푸는 자니라. 그러
나 네가 악을 행하거든 두려워하라.
그가 공연히 칼을 가지지 아니하였으니
곧 하나님의 사역(使役)자가 되어 악
을 행하는 자에게 진노하심을 따라 보
응(報應)하는 자니라.

속뜻단어 풀이

- **사:역 使役** | 부릴 사, 부릴 역 [employ; use; fatigue duty] ❶ 사람을 부림[使=役]. 또는 시킴을 받아 어떤 작업을 함. ❷ 사환(使喚). ❸ 본래의 임무 이외에 임시로 하는 잡무
- **보:응 報應** | 갚을 보, 받을 응 [retribution] 착한 일과 악한 일이 그 원인과 결과에 따라 대갚음[報]을 받음[應]. 사람은 그 모든 행실에 보응이 따른다.

5절 그러므로 복종하지 아니할 수 없으니 진노 때문에 할 것이 아니라.
양심을 따라 할 것이라.

6절 너희가 조세(租稅)를 바치는 것도 이로 말미암음이라. 그들이 하나님의 일꾼이 되어 바로 이 일에 항상 힘쓰느니라.

7절 모든 자에게 줄 것을 주되 조세(租稅)를 받을 자에게 조세(租稅)를 바치고 관세(關稅)를 받을 자에게

속뜻단어
풀   이

- **조세 租稅** | 구실 조, 세금 세 [taxes; taxation] **법률** 세금으로 거두어들이는 돈[稅=租]. 정부는 농민들의 조세부담을 덜어 주기로 했다. **준** 세. **비** 세금(稅金).
- **관세 關稅** | 빗장 관, 세금 세 [tariff; customs duties] **법률** 세관(稅關)을 통과(通過)하는 화물에 대하여 부과되는 조세(租稅). 수입 자동차에 높은 관세를 물리다. **비** 통관세(通關稅).

관세를　바치고　두려워할　자를　두려워하
며　존경할　자를　존경하라.
　8절　피차　사랑의　빚　외에는　아무에
게든지　아무　빚도　지지　말라　남을　사
랑하는　자는　율법을　다　이루었느니라.
　9절　간음（姦淫）하지　말라,　　살인하
지　말라,　도둑질하지　말라,　탐내지
말라　한　것과　그　외에　다른　계명（誡
命）이　있을지라도　네　이웃을　네　자신
과　같이　사랑하라　하신　그　말씀　가운

속뜻단어 풀　이

- **간:음 姦淫** | 간음할 간, 음란할 음 [commit adultery (with)] 부부가 아닌 남녀가 음탕하게[姦] 성 관계를 맺음[淫].
- **계명 誡命** | 경계할 계, 목숨 명[commandment] 도덕상 또는 종교상 지켜야 하는[誡] 규정[命]. 기독교의 십계명.
  그는 평생 계명을 잘 지켰다.

데 다 들었느니라.

　10절 사랑은 이웃에게 악을 행하지

아니하나니 그러므로 사랑은 율법의 완

성(完成)이니라.

　11절 또한 너희가 이 시기를 알거니

와 자다가 깰 때가 벌써 되었으니 이

는 이제 우리의 구원이 처음 믿을 때

보다 가까웠음이라.

　12절 밤이 깊고 낮이 가까웠으니 그

러므로 우리가 어둠의 일을 벗고 빛의

**속뜻단어
풀   이**
▪ **이웃 (隣, 이웃 린)** | [neighborhood; vicinity] 가까이 있거나 나란히 있어서 경계가 서로 접해 있음. 이웃과 사이좋게 지내다.
▪ **완성 完成** | 완전할 완, 이룰 성 [completion] 완전(完全)히 다 이룸[成]. 그 작품은 20년 만에 완성되었다. 뻔 미완성(未完成).

갑옷을 입자.

　13절 낮에와 같이 단정(端正)히 행하고 방탕하거나 술 취하지 말며 음란하거나 호색(好色)하지 말며 다투거나 시기하지 말고

　14절 오직 주 예수 그리스도로 옷 입고 정욕을 위하여 육신의 일을 도모(圖謀)하지 말라.

속뜻단어
풀   이

- **단정 端正** | 바를 단, 바를 정 [neat; tidy] 자세가 바르고[端] 마음이 올바름[正]. 품행이 단정함. 단정하게 앉다. Ⓑ 얌전하다.
- **호:색 好色** | 좋을 호, 빛 색 [be fond of sex; be sensual] 여색(女色)을 좋아함[好]. Ⓑ 탐색(貪色).
- **도모 圖謀** | 꾀할 도, 꾀할 모 [plan; design] 어떤 일을 이루기 위하여 대책과 방법을 세움[圖=謀]. 친목을 도모하다.

1. 우리나라 사람으로서 "국가와 법률"(권세)에 대한 신자의 태도는 어떠해야 할까요?

☞ 모든 (   )는 다 하나님께서 정하신 바라(1절). 다스리는 자들은 선한

일에 대하여 (   )이 되지 않고, 악한 일에 대하여 되나니(3절),

그 (권세)는 하나님의 (   )가 되어 네게 선을 베푸는 자니라.

그러나 네가 (   )을 행하거든 두려워하라(4절).

2. "사랑은 율법의 완성"(10절)이라고 성경은 말씀합니다. 지금 우리는 왜 새삼스럽게 하나님의

말씀을 순종하기로 다시 결단해야 합니까?

☞ 너희가 이 시기를 알거니와 자다가 (   ) 때가 되었으니, 이는 이제 우리의

구원이 처음 믿을 때보다 가까웠음이라. 밤이 깊고 (   )이 가까웠으니,

그러므로 우리가 어둠의 일을 벗고 (   )의 갑옷을 입자. (11-12절)

로마서 이해문제

제 14장

로마서 14장은 교회 내에서의 '형제사랑'의 구체적인 방식으로서
서로 비판하지 말고 서로를 배려하는 자세를 가지라고 말씀한다. 이를 통해 교회는
의와 평강과 희락(17절)이 넘치는 하나님의 나라를 경험하게 될 것이다.

1절 믿음이 연약(軟弱)한 자를 너희가 받되 그의 의견(意見)을 비판하지 말라.

2절 어떤 사람은 모든 것을 먹을 만한 믿음이 있고 믿음이 연약한 자는 채소만 먹느니라.

3절 먹는 자는 먹지 않는 자를 업신여기지 말고 먹지 않는 자는 먹는 자를 비판하지 말라 이는 하나님이 그를 받으셨음이라.

172
로마서
14장

속뜻단어
풀   이

- **연:약 軟弱** | 무를 연, 약할 약 [tender; mild] 무르고[軟] 약(弱)함. 연약한 여자의 마음 / 아기의 피부는 연약하다.
- **의:견 意見** | 뜻 의, 볼 견 [opinion; view; idea] 어떤 일에 대한 뜻[意]과 견해(見解). 당신 의견에 찬성합니다. 🅑 견해(見解), 생각, 의사(意思).

4절 남의 하인(下人)을 비판하는
너는 누구냐? 그가 서 있는 것이나
넘어지는 것이 자기 주인(主人)에게
있으매 그가 세움을 받으리니 이는 그
를 세우시는 권능(權能)이 주께 있음
이라.

5절 어떤 사람은 이 날을 저 날보
다 낫게 여기고 어떤 사람은 모든 날
을 같게 여기나니 각각 자기 마음으로
확정할지니라.

속뜻단어 풀이

- **하:인 下人** | 아래 하, 사람 인 [servant] ❶ 속뜻 아랫[下] 사람[人]. ❷ 남의 집에 매여 일을 하는 사람. 하인을 두다. 비 하례(下隷).
- **주인 主人** | 주될 주, 사람 인 [owner; host; employer] ❶ 속뜻 한 집안을 꾸려 나가는 주(主)되는 사람[人]. ❷ 물건을 소유한 사람. 이 땅의 주인은 누구입니까? ❸ 손을 맞이하는 사람. 주인은 손님들에게 반갑게 인사했다. ❹ 고용 관계에서의 고용주. 휴가를 달라고 주인에게 건의하다. 반 손님.
- **권능 權能** | 권세 권, 능할 능 [power; authority] ❶ 속뜻 권세(權勢)와 능력(能力)을 아울러 이르는 말. 황제의 위엄과 권능을 보여주었다. ❷ 법률 권리를 주장하고 행사할 수 있는 능력.

|6절| |날을| |중히| |여기는| |자도| |주를| |
|위하여| |중히| |여기고| |먹는| |자도| |주를| |
|위하여| |먹으니| |이는| |하나님께| |감사|(|感|
|謝|)|함이요| |먹지| |않는| |자도| |주를| |위하|
|여| |먹지| |아니하며| |하나님께| |감사|(|感|謝|)|
하느니라.							
	7절		우리		중에		누구든지		자기를		위
하여		사는		자가		없고		자기	(|自|己|)	를	
위하여		죽는		자도		없도다.				
	8절		우리가		살아도		주를		위하여		살

속뜻단어풀이

- **감:사 感謝** | 느낄 감, 고마워할 사 [thanks; gratitude] ❶ 속뜻 고마움[謝]을 느낌[感]. ❷ 고마움을 표함. 성원에 감사드립니다. 비 사의(謝意), 은혜(恩惠).
- **자기 自己** | 스스로 자, 몸 기 [oneself] ❶ 속뜻 자신[自]의 몸[己]. ❷ 그 사람. 앞에서 이야기된 사람을 다시 가리키는 말. 자신(自身). 지혜는 자기가 가겠다고 했다. 비 자신(自身). 반 남.

고   죽어도   주를   위하여   죽나니   그러므
로   사나   죽으나   우리가   주의   것이로다.
   9절   이를   위하여   그리스도께서   죽었
다가   다시   살아나셨으니   곧   죽은   자와
산   자의   주가   되려   하심이라.
   10절   네가   어찌하여   네   형제를   비판
하느냐?   어찌하여   네   형제를   업신여기
느냐?   우리가   다   하나님의   심판(審判)
대   앞에   서리라.
   11절   기록되었으되   주께서   이르시되

속뜻단어 풀이

- **그리스도** | [Christ] 기독교 '구세주'(救世主)라는 뜻. 예수.
- **업:신-여기다 (侮, 업신여길 모; 蔑, 업신여길 멸)** | [despise; make light of] 교만한 마음으로 남을 낮추보거나 멸시하다. 남을 업신여겨서는 안 된다. (비) 깔보다, 얕잡아 보다, 우습게 보다.
- **심:판 審判** | 살필 심, 판가름할 판 [judgment] ❶ 속뜻 문제가 되는 안건을 심의(審議)하여 판결(判決)을 내리는 일. 법의 심판을 받다 / 공정하게 심판하다. ❷ 운동 운동 경기에서 규칙의 적부 여부나 승부를 판정함. 또는 그런 일이나 사람. 축구 심판.

내가   살았노니   모든   무릎이   내게   꿇을

것이요   모든   혀가   하나님께   자백(自白)

하리라   하였느니라.

　　12절   이러므로   우리   각   사람이   자기

일을   하나님께   직고(直告)하리라.

　　13절   그런즉   우리가   다시는   서로   비

판(批判)하지   말고   도리어   부딪칠   것

이나   거칠   것을   형제   앞에   두지   아니

하도록   주의하라.

　　14절   내가   주   예수   안에서   알고   확

**속뜻단어
풀　　이**

- **자백 自白** | 스스로 자, 말할 백 [confess] 자기 비밀을 직접[自] 털어놓고 말함[白]. 또는 그 진술. 경찰은 마침내 그의 자백을 받아냈다.
- **직고 直告** | 곧을 직, 알릴 고 [inform truthfully] 곧이곧대로[直] 알림[告]. 이실직고(以實直告)하다.
- **비:판 批判** | 따질 비, 판가름할 판 [criticize; review] ❶ 속뜻 잘 따져[批]보고 나서 판단(判斷)함. ❷ 좋고 나쁨, 옳고 그름을 따져 말함. 정부의 새 외교정책은 비판을 불러 일으켰다.

신하노니 무엇이든지 스스로 속된 것이
없으되 다만 속(俗)되게 여기는 그
사람에게는 속되니라.

15절 만일 음식으로 말미암아 네 형
제가 근심하게 되면 이는 네가 사랑으
로 행하지 아니함이라. 그리스도께서
대신하여 죽으신 형제를 네 음식으로
망하게 하지 말라.

16절 그러므로 너희의 선한 것이 비
방(誹謗)을 받지 않게 하라.

속뜻단어 풀이

- **속-되다 (俗—, 속될 속)** | [vulgar; common] ❶ 고상하지 못하고 천하다[俗]. 속된 말씨 / 속된 표현. ❷ 평범하고 세속적이다. 속된 인간.
- **근심 (患, 근심 환; 愁, 근심 수; 憂, 근심 우)** | [anxiety; worry] 괴롭게 애를 태우거나 불안해하는 마음. 그녀는 근심이 있다. ⑪ 걱정.
- **비방 誹謗** | 헐뜯을 비, 헐뜯을 방 [slander; abuse] 남을 헐뜯음[誹=謗]. 나쁘게 말함. 온갖 비방과 욕설을 서슴지 않다.

	17	절		하	나	님	의		나	라	는		먹	는		것	과		마
시	는		것	이		아	니	요		오	직		성	령		안	에		있
는		의	와		평	강	과		희	락	(	喜	樂	)	이	라	.	
	18	절		이	로	써		그	리	스	도	를		섬	기	는		자	는
하	나	님	을		기	쁘	시	게		하	며		사	람	에	게	도		칭
찬	을		받	느	니	라	.											
	19	절		그	러	므	로		우	리	가		화	평	(	和	平	)	의
일	과		서	로		덕	(	德	)	을		세	우	는		일	을		힘
쓰	나	니																
	20	절		음	식	으	로		말	미	암	아		하	나	님	의		사

속뜻단어 풀이

- **희락 喜樂** | 기쁠 희, 즐길 락 [joy and pleasure; felicity] 기쁨[喜]과 즐거움[樂]. 또는 기뻐함과 즐거워함. 희락을 즐기다.
- **화평 和平** | 어울릴 화, 평안할 평 [peaceful; harmonious; placid] 화목(和睦)하고 평안(平安)함.
- **덕 德** | 베풀 덕 [virtue; goodness] ❶ 마음이 바르고 너그러워 좋은 영향을 주는 것. 또는 그 힘. 이 일은 부모님의 덕으로 된 것이다.
  ❷ 베풀어 준 은혜(恩惠)나 도움. 덕을 톡톡히 보았다. ⑭ 악(惡).

업을　무너지게　하지　말라　만물이　다
깨끗하되　거리낌으로　먹는　사람에게는
악한　것이라.

21절　고기도　먹지　아니하고　포도주도
마시지　아니하고　무엇이든지　네　형제로
거리끼게　하는　일을　아니함이　아름다우
니라.

22절　네게　있는　믿음을　하나님　앞에
서　스스로　가지고　있으라　자기가　옳다
하는　바로　자기를　정죄(定罪)하지　아

179
로마서
14장

속뜻단어
풀　　이

▪ **거리끼다** | [hesitate] ❶ 일이나 행동에 방해가 되다. 일하는 데 거리끼는 것들을 없애다. ❷ 마음에 걸려 꺼림칙하다.
양심에 거리끼지 않다. ㉙ 방해(妨害)되다..
▪ **정죄 定罪** | 정할 정, 허물 죄[condemn] 죄가 있는 것으로 판정함.

니 하 는   자 는   복 이   있 도 다 .

　 23 절   의 심 (疑 心) 하 고   먹 는   자 는   정

죄 되 었 나 니   이 는   믿 음 을   따 라   하 지   아

니 하 였 기   때 문 이 라 .   　믿 음 을   따 라   하 지

아 니 하 는   것 은   다   죄 (罪) 니 라 .

- **의심 疑心** | 의아할 의, 마음 심 [doubt; question; distrust] 확실히 알 수 없어서 의아해하는[疑] 마음[心]. 누나는 정말 의심이 많다 / 그의 말이 사실인지 의심쩍다 / 그 소문이 사실인지 아닌지 의심스럽다.
- **죄: 罪** | 허물 죄 [crime; sin; offence] 양심이나 도리에 벗어난 행위. 다시는 죄를 짓지 않겠다고 다짐했다 / 억울하게 남의 죄를 뒤집어썼다.

1. 우리의 신앙생활에 있어서, '주님'을 향한 우리의 마음가짐은 무엇인지 생각해봅시다.

☞ 우리가 살아도 (　　)를 위하여 살고 죽어도 (　　)를 위하여 죽나니,

그러므로 사나 죽으나 우리가 (　　)의 것이로다. (8절)

2. 우리의 교회생활에 있어서, 다른 '사람들'에 대한 우리의 바른 태도는 어떠해야 할까요?

☞ 네가 어찌하여 네 형제를 (　　　　)하느냐! 어찌하여 네 형제를

(　　　　)여기느냐! 우리가 다 하나님의 심판대 앞에 서리라. 그런즉

우리가 다시는 서로 비판(욕설, 조롱)하지 말고, 도리어 부딪힐 것이나

거칠 것을 (　　　　) 앞에 두지 아니하도록 주의하라.　　　(10, 13절)

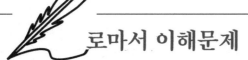

로마서 이해문제

하나님의 나라는 먹는 것과 마시는 것이 아니요 오직 성령 안에 있는 의와 평강과 희락이라

이로써 그리스도를 섬기는 자는 하나님을 기쁘시게 하며 사람에게도 칭찬을 받느니라

[로마서 14:17-18]

제 15장

로마서 15장은 교회 내에서 신자들이 서로 마음을 같이 하여 믿음이 연약한
사람들을 품어주고 하나님의 은혜 안에서 서로 베풀고 상대방의 유익을 챙겨주는
덕스럽고 관대한 믿음의 사람이 되라고 명령하고 있다.

1절 믿음이 강한 우리는 마땅히 믿음이 약한 자의 약점(弱點)을 담당(擔當)하고 자기를 기쁘게 하지 아니할 것이라.

2절 우리 각 사람이 이웃을 기쁘게 하되 선을 이루고 덕을 세우도록 할지니라.

3절 그리스도께서도 자기를 기쁘게 하지 아니하셨나니 기록된 바 주를 비방하는 자들의 비방이 내게 미쳤나이다

속뜻단어 풀이

- **약점 弱點** | 약할 약, 점 점 [weak point] 모자라서[弱] 남에게 뒤떨어지거나 떳떳하지 못한 점(點). 남의 약점을 건드리지 마라.
  圓 결점(缺點), 단점(短點). 圓 강점(强點), 장점(長點).
- **담당 擔當** | 멜 담, 맡을 당 [take charge] 책임을 지고[擔] 일을 맡아 처리함[當]. 일을 맡음. 圓 담임(擔任).

함과　같으니라.

　4절　무엇이든지　전에　기록된　바는

우리의　교훈을　위하여　기록된　것이니

우리로　하여금　인내(忍耐)로　또는　성

경의　위로로　소망(所望)을　가지게　함

이니라.

　5절　이제　인내와　위로의　하나님이

너희로　그리스도　예수를　본받아　서로

뜻이　같게　하여　주사

　6절　한마음과　한　입으로　하나님　곧

속뜻단어 풀이
- **인내 忍耐** | 참을 인, 견딜 내 [endure; stand] 괴로움이나 노여움 따위를 참고[忍] 견딤[耐]. 그 일을 하는 데는 많은 인내가 필요하다.
- **소:망 所望** | 것 소, 바랄 망 [desire; wish] 바라는[望] 어떤 것[所]. 새해 소망. 🔠 바람, 소원(所願), 희망(希望).

우리　주·예수　그리스도의　아버지께　영
광（榮光）을　돌리게　하려　하노라.
　7절　그러므로　그리스도께서　우리를
받아　하나님께　영광을　돌리심과　같이
너희도　서로　받으라.
　8절　내가　말하노니　그리스도께서　하
나님의　진실하심을　위하여　할례의　추종
자（追從者）가　되셨으니　이는　조상들에
게　주신　약속들을　견고（堅固）하게　하
시고

**속뜻단어
풀　　이**

- **영광 榮光** | 영화 영, 빛 광 [glory] 영화(榮華)롭게 빛[光]남. 또는 그러한 영예. 이 영광을 부모님께 돌리겠습니다 / 학교 대표로 뽑힌 것이 영광스럽다.
- **추종-자 追從者** | 따를 추, 따를 종, 사람 자 [follower] 추종(追從)하는 사람[者]. 그녀의 아름다움을 흠모하는 추종자들.
- **견고 堅固** | 굳을 견, 굳을 고 [solidity; firmness] ❶ 속뜻 매우 튼튼하고[固] 단단함[堅]. 견고한 성문을 부수다. ❷ 사상이나 의지 따위가 동요됨이 없이 확고하다. 그는 견고하게 자기의 신념을 지켰다. ㈎ 굳건하다, 견뢰하다(堅牢), 공고(鞏固), 완뢰(完牢).

9절 이방인들도 그 궁휼하심으로 말
미암아 하나님께 영광을 돌리게 하려
하심이라. 기록된 바 그러므로 내가
열방 중에서 주께 감사하고 주의 이름
을 찬송하리로다 함과 같으니라.
10절 또 이르되 열방(列邦)들아 주
의 백성과 함께 즐거워하라 하였으며
11절 또 모든 열방(列邦)들아 주를
찬양(讚揚)하며 모든 백성들아 그를
찬송하라 하였으며

속뜻단어 풀 이	▪ **열방 列邦** | 벌일 열, 나라방 [Nations] 세계의 나라들.
	▪ **찬:양 讚揚** | 기릴 찬, 오를 양 [praise; exalt; glorify] 훌륭함을 기리고[讚] 받들어 올림[揚]. 왕의 업적을 찬양하다.

12절		또		이	사	야	가		이	르	되		이	새	의		뿌
리		곧		열	방	을		다	스	리	기		위	하	여		일	어	나
시	는		이	가		있	으	리	니		열	방	이		그	에	게		소
망	을		두	리	라		하	였	느	니	라	.					
13절		소	망	의		하	나	님	이		모	든		기	쁨	과
평	강	을		믿	음		안	에	서		너	희	에	게		충	만	(	充
滿	)	하	게		하	사		성	령	의		능	력	(	能	力	)	으	로
소	망	이		넘	치	게		하	시	기	를		원	하	노	라	.
14절		내		형	제	들	아		너	희	가		스	스	로		선
함	이		가	득	하	고		모	든		지	식	이		차	서		능	히

188
로마서
15장

속뜻단어
풀　이

▪ **충만 充滿** | 채울 충, 넘칠 만 [fullness] 넘치도록[滿] 가득 채움[充]. 마음에 기쁨이 충만하다 / 그 안내서는 유익한 기사로 충만하다.
▪ **능력 能力** | 능할 능, 힘 력 [ability; capacity] 어떤 일을 해낼 수 있는[能] 힘[力]. 능력을 기르다 / 능력을 발휘하다. 🔲 깜냥, 역량(力量).

서로 권하는 자임을 나도 확신(確信)하노라.

15절 그러나 내가 너희로 다시 생각나게 하려고 하나님께서 내게 주신 은혜로 말미암아 더욱 담대히 대략 너희에게 썼노니

16절 이 은혜는 곧 나로 이방인을 위하여 그리스도 예수의 일꾼이 되어 하나님의 복음의 제사장(祭司長) 직분을 하게 하사 이방인을 제물로 드리는

189
로마서
15장

속뜻단어 풀이

- **확신 確信** | 굳을 확, 믿을 신 [convinced; sure] 굳게[確] 믿음[信]. 확신에 찬 목소리.
- **일:-꾼** | [worker] ❶ 삯을 받고 남의 일을 하는 사람. 일꾼 서넛을 불러 집을 고쳤다. ❷ 어떤 일이든지 잘 처리하거나 또는 맡아 할 만한 사람. 그는 우리 회사에 큰 일꾼이다.
- **제:사-장 祭司長** | 제사 제, 맡을 사, 어른 장 [chief (officiating) priest] ❶ 기독교 기독교·유대교에서, 예루살렘 성전에서 의식이나 전례[祭]를 맡아보는[司] 우두머리[長]. ❷ 제례나 주문(呪文)에 밝아 영검을 얻게 하는 사람.

것이 성령 안에서 거룩하게 되어 받으
실 만하게 하려 하심이라.
　17절 그러므로 내가 그리스도 예수
안에서 하나님의 일에 대하여 자랑하는
것이 있거니와
　18절 그리스도께서 이방인들을 순종하
게 하기 위하여 나를 통하여 역사(役
事)하신 것 외에는 내가 감히 말하지
아니하노라.　　그 일은 말과 행위로
　19절 표적(表迹)과 기사의 능력으로

속뜻단어 풀이
- **역사 役事** | 부릴 역, 일 사 [works] ❶ 건축 토목이나 건축 따위의 공사. ❷ 기독교 하나님이 일함. 또는 그런 일.
  ❸ <북한어>육체적 힘을 들여서 하는 일을 통틀어 이르는 말.
- **표적 表迹** | 겉 표, 자취 적 [miraculous signs; miracles] ❶ 겉[表]으로 나타난 자취[迹]. ❷ 기독교 기적을 의미.

성령의 능력으로 이루어졌으며 그리하여
내가 예루살렘으로부터 두루 행하여 일
루리곤까지 그리스도의 복음을 편만(遍
滿)하게 전하였노라.
20절 또 내가 그리스도의 이름을 부
르는 곳에는 복음을 전하지 않기를 힘
썼노니 이는 남의 터 위에 건축(建築)
하지 아니하려 함이라.
21절 기록된 바 주의 소식(消息)을
받지 못한 자들이 볼 것이요 듣지 못

속뜻단어
풀   이

- **편만 遍滿** | 두루 편, 가득할 만 [ful(l)ness; pervasiveness] 두루[遍] 가득 참[滿].
- **건:축 建築** | 세울 건, 쌓을 축 [construct; build] 집, 성, 다리 따위를 짓거나[建] 쌓음[築]. 지진에 견딜 수 있는 집을 건축하다.
  ⨁ 건조(建造), 축조(築造). ⨁ 파괴(破壞).
- **소식 消息** | 사라질 소, 불어날 식 [news; information] ❶ 속뜻 사라짐[消]과 불어남[息]. ❷ '변화', '증감', '동정', '사정', '안부', '편지'
  같은 의미로 쓰임. 요즘은 그 친구 소식이 뜸하다.

한		자	들	이		깨	달	으	리	라		함	과			같	으	니	라	.
	22	절		그	리	므	로		또	한		내	가		너	희	에	게	
가	려		하	던		것	이		여	러		번		막	았	더	니	
	23	절		이	제	는		이		지	방	(	地	方	)	에		일	할
곳	이		없	고		또		여	러		해		전	부	터		언	제	든
지		서	바	나	로		갈		때	에		너	희	에	게			가	기	를
바	라	고		있	었	으	니												
	24	절		이	는		지	나	가	는		길	에		너	희	를		보
고		먼	저		너	희	와		사	귐	으	로		얼	마	간		기	쁨
을		가	진		후	에		너	희	가		그	리	로		보	내	주	기

192
로마서
15장

**속뜻단어
풀   이**

- **지방 地方** | 땅 지, 모 방 [region; countryside] ❶ 속뜻 땅[地]의 어느 한 부분[方]. 어느 한 방면의 땅. 낯선 지방으로 여행하다.
❷ 한 나라의 수도(首都)나 대도시 외의 고장. 지방으로 내려가다. 반 중앙(中央).
- **해 (年, 해 년)** | [year] 지구가 태양을 한 바퀴 도는 동안. 해가 바뀌다. 비 년(年).

를　　바람이라．

　　25절　그러나　이제는　내가　성도（聖徒）

를　섬기는　일로　예루살렘에　가노니

　　26절　이는　마게도냐와　아가야　사람들

이　예루살렘　성도　중　가난한　자들을

위하여　기쁘게　얼마를　연보（捐補）하였

음이라．

　　27절　저희가　기뻐서　하였거니와　또한

저희는　그들에게　빚진　자니　만일　이방

인들이　그들의　영적인　것을　나눠　가졌

속뜻단어 풀이

- **성:도 聖徒** | 거룩할 성, 무리 도 [saint; apostle] ❶ **속뜻** 성(聖)스러운 종교를 믿는 신도(信徒). ❷ **기독교** 신자를 높여 이르는 말.
- **가난 (貧, 가난할 빈)** | [poor; bad off] 집안 살림이 넉넉하지 못하고 쪼들림. 가난에 쪼들리다. **비** 빈곤(貧困), 빈한(貧寒). **반** 부(富), 풍요(豐饒). **속담** 가난한 집 제사 돌아오듯.
- **연:보 捐補** | 내놓을 연, 도울 보 [offertory; contribution] ❶ **속뜻** 자기의 재물을 내놓아[捐] 다른 사람을 도와줌[補]. **비** 연조(捐助). ❷ **기독교** 헌금(獻金).

으면　육적인　것으로　그들을　섬기는　것

이　마땅하니라.

28절　그러므로　내가　이　일을　마치고

이　열매를　그들에게　확증(確證)한　후

에　너희에게　들렀다가　서바나로　가리라.

29절　내가　너희에게　나아갈　때에　그

리스도의　충만한　복을　가지고　갈　줄을

아노라.

30절　형제들아　내가　우리　주　예수

그리스도와　성령(聖靈)의　사랑으로　말

속뜻단어
풀　　이

- **확증 確證** | 굳을 확, 증거 증 [corroboration; confirm; prove definitely] 확실(確實)한 증거(證據). 확실히 증명함. 그가 범인이라는 확증을 잡았다 / 그의 이론은 실험으로 확증되었다.
- **성:령 聖靈** | 성스러울 성, 신령 령 [Holy Spirit] ❶ 속뜻 성(聖)스러운 신령(神靈). ❷ 기독교 성삼위 중의 하나인 하나님의 영을 이르는 말. 성령의 힘을 받았다.

미암아 너희를 권하노니 너희 기도(祈禱)에 나와 힘을 같이하여 나를 위하여 하나님께 빌어

31절 나로 유대에서 순종(順從)하지 아니하는 자들로부터 건짐을 받게 하고 또 예루살렘에 대하여 내가 섬기는 일을 성도들이 받을 만하게 하고

32절 나로 하나님의 뜻을 따라 기쁨으로 너희에게 나아가 너희와 함께 편히 쉬게 하라.

속뜻단어 풀이

- **기도 祈禱** | 빌 기, 빌 도 [prayer] 절대적 존재에게 바라는 것을 빎[祈=禱]. 또는 그런 의식. 비를 내려달라고 신에게 기도하다.
- **순:종 順從** | 따를 순, 따를 종 [obey; submit] 순순(順順)히 따름[從]. 나는 부모님 말씀에 순종했다.

33절　평강（平康）의　　하나님께서　　너희
모든　　사람과　　함께　　게실지어다.　　아멘.

속뜻단어
풀　　이
- **평강 平康** | 평안할 평, 편안할 강 [peace] 평안(平安)하고 편안함[康]. 마음에 평강을 되찾았다.
- **아멘** | [amen] 기독교 기도나 찬송 또는 설교 끝에 그 내용에 동의하거나 그것이 이루어지기를 바란다는 뜻으로 하는 말. 히브리어.

1. 교회에 새로 들어오는 사람이나 나이 어린 사람에 대한 올바른 자세는 무엇일까요?

☞ 믿음이 강한 우리는 마땅히 믿음이 약한 자의 (   )을 담당하고,

자기를 기쁘게 하지 아니할 것이라. 우리 각 사람이 (   )을

기쁘게 하되, 선을 이루고 (   )을 세우도록 할지니라. (1-2절)

2. 아래 말씀이 의미하는 바에 대하여 가족들과 함께 나누어보고, 믿음의 사람들을 향한 하나님의

기대가 무엇인지 생각해봅시다.

☞ 내가 너희로 다시 생각나게 하려고 하나님께서 내게 주신 (   )로 말미암아

더욱 담대히 너희에게 썼노니, 이 은혜는 곧 나로 이방인을 위하여 그리스도

예수의 (   )이 되어 하나님의 복음의 (   ) 직분을 하게 하사

이방인을 제물로 드리는 것이 성령 안에서 (   )하게 되어 받으실 만하게

하려 하심이라. (15-16절)

로마서 이해문제

무엇이든지 전에 기록된 바는 우리의 교훈을 위하여 기록된 것이니 우리로 하여금 인내로 또는 성경의 위로로
소망을 가지게 함이니라 이제 인내와 위로의 하나님이 너희로 그리스도 예수를 본받아 서로 뜻이 같게 하여 주사
한마음과 한 입으로 하나님 곧 우리 주 예수 그리스도의 아버지께 영광을 돌리게 하려 하노라

[로마서 15:4-6]

제 16장

로마서 16장은 믿음의 사람들이 서로 안부를 물으며 친밀한 관계를 맺고 지낼 것과
악을 멀리하는 지혜를 가질 것을 부탁한다. 마지막으로 반복하여 모든 사람이
순종해야 할 복음의 가치를 설명하고 그 복음을 통해 믿음의 사람들을
세워가시는 지혜로우신 하나님을 찬양하고 있다.

1절 내가 겐그레아 교회의 일꾼으로 있는 우리 자매 뵈뵈를 너희에게 추천하노니

2절 너희는 주 안에서 성도들의 합당한 예절(禮節)로 그를 영접(迎接)하고 무엇이든지 그에게 소용(所用)되는 바를 도와 줄지니 이는 그가 여러 사람과 나의 보호자가 되었음이라.

3절 너희는 그리스도 예수 안에서 나의 동역자들인 브리스가와 아굴라에게

200
로마서
16장

속뜻단어 풀이

- **예절 禮節** | 예도 례, 알맞을 절 [proprieties] 예의(禮義)에 관한 모든 절차(節次)나 질서. 식사 예절 / 극장에서는 휴대전화를 꺼 놓는 것이 기본예절이다.
- **영접 迎接** | 맞이할 영, 사귈 접 [receive; greet] 손님을 맞아서[迎] 대접(待接)하는 일.
- **소:용 所用** | 것 소, 쓸 용 [use; usefulness] 무엇에 쓰임. 또는 무엇에 쓰이는[用] 것[所]. 쓸데. 이제 와서 후회한들 무슨 소용이 있겠니? / 그에게 말해 봐야 소용없다.

문안 (問安) 하라.

　4절　그들은　내　목숨을　위하여　자기

들의　목까지도　내놓았나니　나뿐　아니라.

이방인의　모든　교회 (教會) 도　그들에게

감사하느니라.

　5절　또　저의　집에　있는　교회에도

문안 (問安) 하라.　내가　사랑하는　에배

네도에게　문안 (問安) 하라.　그는　아시

아에서　그리스도께　처음　맺은　열매니라.

　6절　너희를　위하여　많이　수고한　마

201
로마서
16장

- **문:안 問安** | 물을 문, 편안할 안 [ask after the health of another] 웃어른에게 안부(安否)를 물음[問]. 문안 인사를 드리다.
- **교:회 教會** | 종교 교, 모일 회 [Church] 기독교 그리스도교(教)를 믿고 따르는 신자들의 모임[會]이나 공동체. 또는 그 장소.
　그녀는 일요일마다 교회에 간다. 비 성당(聖堂).

리아에게 문안하라.

7절 내 친척이요 나와 함께 갇혔던

안드로니고와 유니아에게 문안하라. 그

들은 사도(使徒)들에게 존중(尊重)히

여겨지고 또한 나보다 먼저 그리스도

안에 있는 자라

8절 또 주 안에서 내 사랑하는 암

블리아에게 문안하라.

9절 그리스도 안에서 우리의 동역

(同役)자인 우르바노와 나의 사랑하는

**속뜻단어
풀   이**

- **사:도 使徒** | 부릴 사, 무리 도 [apostle] ❶ 기독교 예수가 복음을 널리 전하는 것을 시키기[使] 위하여 특별히 뽑은 열두 제자[徒]. ❷ 신성한 일을 위하여 헌신적으로 일하는 사람을 비유하여 이르는 말. 정의의 사도가 나가신다.
- **존중 尊重** | 높을 존, 무거울 중 [respect; esteem] 높여[尊] 귀중(貴重)하게 대함. 존중받고 싶다면 남부터 존중하라.
- **동역 同役** | 한가지 동, 부릴역 [fellow worker] 하나님이 주신 사명을 이루기 위해 동등한 입장에서 함께 협력하는 것을 말함.

스다구에게 문안하라.

　10절 그리스도 안에서 인정함을 받은

아벨레에게 문안하라. . 아리스도불로의

권속(眷屬)에게 문안하라.

　11절 내 친척 헤로디온에게 문안하라.

나깃수의 가족 중 주 안에 있는 자들

에게 문안하라.

　12절 주 안에서 수고한 드루배나와

드루보사에게 문안하라. 주 안에서 많

이 수고하고 사랑하는 버시에게 문안하

속뜻단어 풀 이

▪ **권:속 眷屬** | 돌볼 권, 무리 속 [one's family; one's wife] ❶ 속뜻 돌보아[眷] 주어야할 한집 식구[屬].
그는 전쟁 통에 권속을 모두 잃었다. ❷ 속뜻 '아내'의 낮춤말. 비 권솔(眷率).
▪ **수:고** | [work hard; take pains; suffer] 일을 하는 데 힘을 들이고 애를 씀. 또는 그런 어려움. 수고를 덜다 / 수고한 보람이 없었다.

라.

13절 주 안에서 택하심을 입은 루포와 그의 어머니에게 문안하라. 그의 어머니는 곧 내 어머니니라.

14절 아순그리도와 블레곤과 허메와 바드로바와 허마와 및 그들과 함께 있는 형제(兄弟)들에게 문안하라.

15절 빌롤로고와 율리아와 또 네레오와 그의 자매(姊妹)와 올름바와 그들과 함께 있는 모든 성도에게 문안하라.

속뜻단어 풀이
- **형제 兄弟** | 맏 형, 아우 제 [brother] 형[兄]과 아우[弟]. 사이좋은 형제.
- **자매 姊妹** | 손윗누이 자, 누이 매 [sisters] ❶ 속뜻 누나나 언니[姊]와 여동생[妹]. ❷ 같은 계통에 속하거나 서로 비슷한 점을 많이 가진 둘 또는 그 이상의 것. 자매 학교 / 자매 회사. 凰 여형제(女兄弟).

年　　月　　日

16절 너희가 거룩하게 입맞춤으로 서
로 문안하라. 그리스도의 모든 교회가
다 너희에게 문안하느니라.

17절 형제들아 내가 너희를 권하노니
너희가 배운 교훈을 거슬러 분쟁(紛爭)
을 일으키거나 거치게 하는 자들을 살
피고 그들에게서 떠나라.

18절 이같은 자들은 우리 주 그리스
도를 섬기지 아니하고 다만 자기들의
배만 섬기나니 교활(狡猾)한 말과 아

205
로마서
16장

속뜻단어
풀　　이

- **분쟁 紛爭** | 어지러울 분, 다툴 쟁 [dispute; conflict; trouble] 어지럽게[紛] 얽힌 문제로 서로 다툼[爭]. 또는 그런 일.
어업분쟁 / 영유권 분쟁.
- **교활 狡猾** | 교활할 교, 교활할 활 [cunning; sly] 간사하고 음흉함[狡=猾]. 교활한 녀석. ⓑ 간사(奸邪).

첨하는 말로 순진한 자들의 마음을 미혹(迷惑)하느니라.

19절 너희의 순종함이 모든 사람에게 들리는지라 그러므로 내가 너희로 말미암아 기뻐하노니 너희가 선한 데 지혜롭고 악한 데 미련(未練)하기를 원하노라.

20절 평강(平康)의 하나님께서 속히 사탄을 너희 발 아래에서 상하게 하시리라. 우리 주 예수의 은혜가 너희에

속뜻단어 풀이

- **미혹 迷惑** | 미혹할 미, 미혹할 혹 [delusion; infatuation] ❶ 속뜻 마음이 흐려서[迷] 무엇에 홀림[惑]. ❷ 정신이 헷갈려 갈팡질팡 헤맴.
- **미련하다** | [stupid, foolish, silly] 터무니없는 고집을 부릴 정도로 매우 어리석고 둔하다. 돈을 아끼려고 아픈 것을 참다니, 너도 참 미련하다! 비 아둔하다, 우둔하다, 덜되다
- **평강 平康** | 평안할 평, 편안할 강 [peace] 평안(平安)하고 편안함[康]. 마음에 평강을 되찾았다.

게　있을지어다.

　21절　나의　동역자　디모데와　나의　친
척　누기오와　야손과　소시바더가　너희에
게　문안하느니라.

　22절　이　편지(便紙)를　기록(記錄)
하는　나　더디오도　주　안에서　너희에게
문안하노라.

　23절　나와　온　교회를　돌보아　주는
가이오도　너희에게　문안하고　이　성의
재무(財務)관　에라스도와　형제　구아도

속뜻단어풀이

- **편:지 便紙** | 편할 편, 종이 지 [letter; message; note] 편(便)하게 잘 있는지 따위의 안부나 소식을 적어 보내는 종이[紙]. 편지글 / 편지꽂이 / 편지 한 통을 부치다. ㉫ 서간(書簡), 서신(書信), 서한(書翰).
- **기록 記錄** | 적을 기, 베낄 록 [record] ❶ 속뜻 적어두고[記] 베껴둠[錄]. ❷ 주로 후일에 남길 목적으로 어떤 사실을 적음. 또는 그런 글. ❸ 운동 경기 따위에서 세운 성적이나 결과를 수치로 나타낸 것. 그는 세계 최고 기록을 경신했다.
- **재무 財務** | 재물 재, 일 무 [financial affairs] 재정(財政)에 관한 사무(事務). 재무 관리.

도　　너희에게　　문안하느니라.

　　24절　　（없음）

　　25절　　나의　　복음과　　예수　　그리스도를
전파함은　　영세（永世）　　전부터　　감추어졌
다가

　　26절　　이제는　　나타내신　　바　　되었으며
영원하신　　하나님의　　명을　　따라　　선지자들
의　　글로　　말미암아　　모든　　민족이　　믿어
순종하게　　하시려고　　알게　　하신　　바　　그
신비의　　계시（啓示）를　　따라　　된　　것이니

208
로마서
16장

속뜻단어
풀　이

- **영세 永世** | 길 영, 인간 세/대 세 [eternal] 세월이 오램. 또는 그런 세월이나 세대.
- **계:시 啓示** | 열 계, 보일 시 [revelation] ❶ 속뜻 열어[啓] 보여 줌[示]. ❷ 사람의 지혜로는 알 수 없는 진리를 신이 영감(靈感)으로 알려 줌. 신의 계시를 받다. ⓑ 현시(現示).

이   복음   (福音) 으로   너희를   능히   견고
하게   하실
    27절   지혜로우신   하나님께   예수   그리
스도로   말미암아   영광이   세세무궁 (世世
無窮) 하도록   있을지어다.   아멘.

| 속뜻단어
풀 이 | ▪ **복음 福音** \| 복 복, 소리 음 [glad tidings; (Christian) Gospel] ❶ 속뜻 복(福) 받을 기쁜 소식[音]. ❷ 기독교 예수의 가르침.
또는 예수에 의한 인간 구원의 길. ❸ 기독교 복음서(福音書).
▪ **견고 堅固** \| 굳을 견, 굳을 고 [strong; solid] ❶ 속뜻 매우 튼튼하고[固] 단단하다[堅]. 견고한 성문을 부수다. ❷ 사상이나 의지 따위가
동요됨이 없이 확고하다. 그는 견고하게 자기의 신념을 지켰다. ⑪ 굳건하다, 견뢰하다(堅牢), 공고(鞏固), 완뢰(完牢).
▪ **세세무궁 世世無窮** \| 세대 세, 세대 세, 없을 무, 다할 궁 [for ever and ever] 영원토록 끝이 없음. '세세(世世)'는 한 세대의 주기를
의미하는 '세대'의 복수형으로, '거듭된 세대', '영원히' 혹은 '오래도록'이란 의미이다. |

1. 우리가 다른 '교회'에 다니는 형제와 자매를 어떻게 대해야 하는지, 반대로 '이단'이나 고의적으로 죄를 짓는 '교인들'을 어떻게 대해야 하는지 성경의 원칙을 생각해봅시다.

☞ 너희가 거룩하게 (   )으로 서로 문안하라. 그리스도의 모든 교회가

다 너희에게 (   )하느니라. 너희가 배운 교훈을 거슬러 (   )을

일으키거나 거치게 하는 자들을 (   ), 그들에게서 떠나라. (16-17절)

2. 믿음의 삶을 살아가는 하나님의 자녀들을 향한 '로마서'의 마지막 격려의 말씀을 생각하면서 여러분의 신앙생활에 대하여 가정에서 나눔의 시간을 가져보세요.

☞ 너희의 (   )함이 모든 사람에게 들리는지라. 그러므로 내가 너희로

말미암아 기뻐하노니, 너희가 (   )한 데 지혜롭고 (   )한 데 미련하기를

원하노라. 평강의 하나님께서 속히 (   )을 너희 발아래에서 상하게

하시리라. (19-20절)

로마서 이해문제

너희가 거룩하게 입맞춤으로 서로 문안하라 그리스도의 모든 교회가 다 너희에게 문안하느니라
형제들아 내가 너희를 권하노니 너희가 배운 교훈을 거슬러 분쟁을 일으키거나 거치게 하는 자들을 살피고
그들에게서 떠나라 이같은 자들은 우리 주 그리스도를 섬기지 아니하고 다만 자기들의 배만 섬기나니
교활한 말과 아첨하는 말로 순진한 자들의 마음을 미혹하느니라
[로마서 16:16-18]

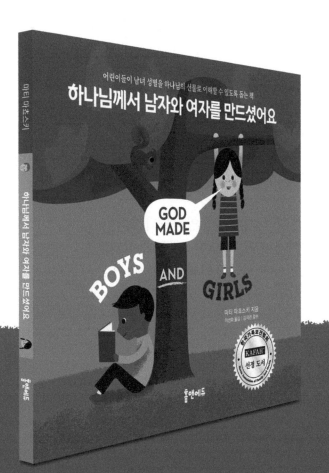

어린이들이 모든 사람 안에 있는 가치를 볼 수 있도록 돕는 책

하나님은 나를 특별하게 만드셨어요

조니 에릭슨 타다 저 | 박다움 역 | 이경아 감수 | 홈앤에듀 출판 | 36쪽 | 12,000원

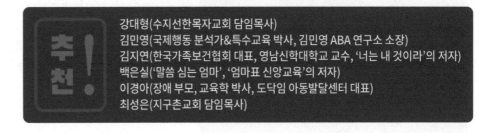

추천!

강대형(수지선한목자교회 담임목사)
김민영(국제행동 분석가&특수교육 박사, 김민영 ABA 연구소 소장)
김지연(한국가족보건협회 대표, 영남신학대학교 교수, '너는 내 것이라'의 저자)
백은실('말씀 심는 엄마', '엄마표 신앙교육'의 저자)
이경아(장애 부모, 교육학 박사, 도닥임 아동발달센터 대표)
최성은(지구촌교회 담임목사)

<하나님은 나를 특별하게 만드셨어요>는 특별한 도움이 필요한 사람들에 대한 두려움과 오해를 없애도록 돕고, 모든 사람은 친절과 존경으로 대접받을 가치가 있음을 강조합니다. 멋진 삽화와 운율감이 있는 글은 어린아이들이 읽기에도 재미를 느낄 수 있도록 하고, 다양한 범주의 장애를 이해할 수 있도록 도와줄 것입니다. 또 하나님께서 각 사람을 만드셨고 모두가 사랑과 존경으로 대접받을 자격이 있음을 이해하도록 할 것입니다.

차별금지법을 통해 차별을 금지하려 할 것이 아니라 이와 같은 양서를 통해 차별하지 않고 서로 존중하고 사랑할 수 있는 마음이 자녀들 마음 가운데 심어지길 소망합니다.

십대 자녀들을 위한
복음적 판타지 소설!

『드래곤 씨드』 이 책은 닉을 조상의 이야기 속으로 깊이 빠져들게 하고 무덤의 그림자 속에서 살았던 또 다른 화난 십대를 대면하게 해준다. 이 책을 읽는 당신도 닉이 그랬던 것처럼 이 엄청난 이야기 속에서 자신의 모습을 발견할 때 큰 충격을 받을 것이다.

쉽게 책장이 넘어가는, 이 청소년 소설은 십대 청소년들을 닉이 겪는 실제 생활의 분투 속으로 초대한다. 그러나 그뿐만이 아니라 예수그리스도께서 구원해내신, 무덤 사이에서 헤매던 청년의 삶에 대한 상상력 가득한 탐험으로도 그들을 인도한다. 베스트셀러 작가인 마티 마쵸스키는 이 두 가지 이야기를 들어 영적 전쟁의 실제와 악한 그림자가 우리에게 어떤 영향을 미치고 어떤 변화를 일으키는지 보여준다. 전 연령의 자녀들에게 신뢰할만한 선생님인 마쵸스키는 겸손의 중요성과 교만의 위험성을 강조하면서 영적 전쟁에 대해 철저히 성경적인 관점을 제시하고 있다.

마티 마쵸스키 지음 | 박은선 옮김 | 248쪽 | 정가 14,000원

모두에게 필요한 교만의 해독제!

『드래곤 씨드』 는 지금 당신에게 가장 필요한 책일지도...

THE HOW & WHY OF HOME SCHOOLING

크리스천 홈스쿨링 필독서!

가정은 인류 최초의 학교이자 가장 기초적인 학습 장소이다. 학교가 세워지기 전, 혹 학교라는 것을 생각하기도 전에 시작된 가정 중심의 교육은 유사 이래 쭉 있어왔다. 가정은 교육의 기초적인 중심지이며 부모가 자녀를 훈육하는 유일한 교사였던 셈이다.

....

홈스쿨을 시작하기에 앞서 당신은 "하나님이 모든 부모에게 책임을 맡겨 주셨다"라는 사실을 확신해야 한다. 당신은, 당신 자녀를 가르칠 책임이 있고, 가르칠 수 있는 권리가 있다. 이 책임과 권리는 정부가 부여한 게 아니라, 하나님이 주신 것이다.

....

성경은 자녀가 올바른 방향으로 나아갈 수 있게 부모가 책임을 지고 돌봐야 한다고 가르친다. 자녀가 제멋대로 선택한 길로 아무렇게나 가게 내버려두어서는 안된다. 자녀들이 옛 본성에 따라 걸음을 옮기기 전, 부모는 그들을 올바른 길로 안내하고 그 길로 걷게 해야 한다. 부모는 자녀의 길을 "좁게 만들어야 한다", "제한해야 한다." 왜냐하면 생명으로 인도하는 문은 좁고 길이 협착(마 7:14)하기 때문이다.

"마땅히 행할 길을 아이에게 가르치라 그리하면 늙어도 그것을 떠나지 아니하리라"(잠 22:6)

- 본문 중에서 -

레이 볼만 저 | 배용준 옮김 | 320쪽 | 정가 15,000원

The Why of Home Schooling
The How of Home Schooling

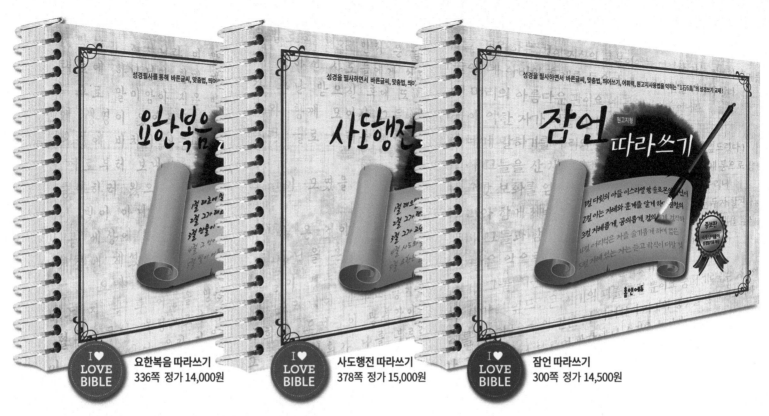

요한복음 따라쓰기
336쪽 정가 14,000원

사도행전 따라쓰기
378쪽 정가 15,000원

잠언 따라쓰기
300쪽 정가 14,500원

1石6鳥

① 말씀읽기, 필사

② 바른글씨연습

③ 맞춤법연습

④ 어휘력증진
   (속뜻단어풀이)

⑤ 띄어쓰기연습

⑥ 원고지작성법

'성경 따라쓰기' 시리즈는

말씀을 읽으면서 따라 쓰도록 구성한 성경 교육용 교재입니다.
원고지 형식의 따라쓰기 방식에 단어 풀이가 제공되어 어린 자녀부터 부모까지 누구나 쉽게 사용하실 수 있습니다.

'성경 따라쓰기'의 특징

① 말씀을 읽고 쓰면서 성경을 가까이하도록 돕는 성경 교재입니다.
② 따라쓰기 방식으로 글씨교정이 가능합니다.
③ 띄어쓰기, 맞춤법, 원고지작성법을 자연스럽게 익힙니다.
④ 속뜻 풀이 방식의 단어 뜻을 제공함으로 어휘력 증진에 도움이 됩니다.
⑤ 장마다 느낀 점이나 기억에 남는 구절들을 기록할 수 있도록 묵상노트를 제공합니다.
⑥ 말씀을 계획적으로 읽도록 성경 읽기표를 제공합니다.(일반, 맥체인 방식)

맥체인 성경읽기표

※ [맥체인 성경읽기표] 를 따라 성경을 읽으면 1년에 신약과 시편은 두번, 시편을 제외한 구약은 한번 읽게 됩니다. 앞의 두 장은 가족이 함께, 뒤의 두장은 개인이 읽으면 좋습니다.

January 01

1	창1 | 마1 | 스1 | 행1
2	창2 | 마2 | 스2 | 행2
3	창3 | 마3 | 스3 | 행3
4	창4 | 마4 | 스4 | 행4
5	창5 | 마5 | 스5 | 행5
6	창6 | 마6 | 스6 | 행6
7	창7 | 마7 | 스7 | 행7
8	창8 | 마8 | 스8 | 행8
9	창9~10 | 마9 | 스9 | 행9
10	창11 | 마10 | 스10 | 행10
11	창12 | 마11 | 느1 | 행11
12	창13 | 마12 | 느2 | 행12
13	창14 | 마13 | 느3 | 행13
14	창15 | 마14 | 느4 | 행14
15	창16 | 마15 | 느5 | 행15
16	창17 | 마16 | 느6 | 행16
17	창18 | 마17 | 느7 | 행17
18	창19 | 마18 | 느8 | 행18
19	창20 | 마19 | 느9 | 행19
20	창21 | 마20 | 느10 | 행20
21	창22 | 마21 | 느11 | 행21
22	창23 | 마22 | 느12 | 행22
23	창24 | 마23 | 느13 | 행23
24	창25 | 마24 | 에1 | 행24
25	창26 | 마25 | 에2 | 행25
26	창27 | 마26 | 에3 | 행26
27	창28 | 마27 | 에4 | 행27
28	창29 | 마28 | 에5 | 행28
29	창30 | 막1 | 에6 | 롬1
30	창31 | 막2 | 에7 | 롬2
31	창32 | 막3 | 에8 | 롬3

February 02

1	창33 | 막4 | 에9~10 | 롬4
2	창34 | 막5 | 욥1 | 롬5
3	창35~36 | 막6 | 욥2 | 롬6
4	창37 | 막7 | 욥3 | 롬7
5	창38 | 막8 | 욥4 | 롬8
6	창39 | 막9 | 욥5 | 롬9
7	창40 | 막10 | 욥6 | 롬10
8	창41 | 막11 | 욥7 | 롬11
9	창42 | 막12 | 욥8 | 롬12
10	창43 | 막13 | 욥9 | 롬13
11	창44 | 막14 | 욥10 | 롬14
12	창45 | 막15 | 욥11 | 롬15
13	창46 | 막16 | 욥12 | 롬16
14	창47 | 눅1:1~38 | 욥13 | 고전1
15	창48 | 눅1: 39~80 | 욥14 | 고전2
16	창49 | 눅2 | 욥15 | 고전3
17	창50 | 눅3 | 욥16~17 | 고전4
18	출1 | 눅4 | 욥18 | 고전5
19	출2 | 눅5 | 욥19 | 고전6
20	출3 | 눅6 | 욥20 | 고전7
21	출4 | 눅7 | 욥21 | 고전8
22	출5 | 눅8 | 욥22 | 고전9
23	출6 | 눅9 | 욥23 | 고전10
24	출7 | 눅10 | 욥24 | 고전11
25	출8 | 눅11 | 욥25~26 | 고전12
26	출9 | 눅12 | 욥27 | 고전13
27	출10 | 눅13 | 욥28 | 고전14
28	출11:1~12:28 | 눅14 | 욥29 | 고전15

March 03

1	출12:29~51 | 눅15 | 욥30 | 고전16
2	출13 | 눅16 | 욥31 | 고후1
3	출14 | 눅17 | 욥32 | 고후2
4	출15 | 눅18 | 욥33 | 고후3
5	출16 | 눅19 | 욥34 | 고후4
6	출17 | 눅20 | 욥35 | 고후5
7	출18 | 눅21 | 욥36 | 고후6
8	출19 | 눅22 | 욥37 | 고후7
9	출20 | 눅23 | 욥38 | 고후8
10	출21 | 눅24 | 욥39 | 고후9
11	출22 | 요1 | 욥40 | 고후10
12	출23 | 요2 | 욥41 | 고후11
13	출24 | 요3 | 욥42 | 고후12
14	출25 | 요4 | 잠1 | 고후13
15	출26 | 요5 | 잠2 | 갈1
16	출27 | 요6 | 잠3 | 갈2
17	출28 | 요7 | 잠4 | 갈3
18	출29 | 요8 | 잠5 | 갈4
19	출30 | 요9 | 잠6 | 갈5
20	출31 | 요10 | 잠7 | 갈6
21	출32 | 요11 | 잠8 | 엡1
22	출33 | 요12 | 잠9 | 엡2
23	출34 | 요13 | 잠10 | 엡3
24	출35 | 요14 | 잠11 | 엡4
25	출36 | 요15 | 잠12 | 엡5
26	출37 | 요16 | 잠13 | 엡6
27	출38 | 요17 | 잠14 | 빌1
28	출39 | 요18 | 잠15 | 빌2
29	출40 | 요19 | 잠16 | 빌3
30	레1 | 요20 | 잠17 | 빌4
31	레2~3 | 요21 | 잠18 | 골1

April 04

1	레4 | 시1~2 | 잠19 | 골2
2	레5 | 시3~4 | 잠20 | 골3
3	레6 | 시5~6 | 잠21 | 골4
4	레7 | 시7~8 | 잠22 | 살전1
5	레8 | 시9 | 잠23 | 살전2
6	레9 | 시10 | 잠24 | 살전3
7	레10 | 시11~12 | 잠25 | 살전4
8	레11~12 | 시13~14 | 잠26 | 살전5
9	레13 | 시15~16 | 잠27 | 살후1
10	레14 | 시17 | 잠28 | 살후2
11	레15 | 시18 | 잠29 | 살후3
12	레16 | 시19 | 잠30 | 딤전1
13	레17 | 시20~21 | 잠31 | 딤전2
14	레18 | 시22 | 전1 | 딤전3
15	레19 | 시23~24 | 전2 | 딤전4
16	레20 | 시25 | 전3 | 딤전5
17	레21 | 시26~27 | 전4 | 딤전6
18	레22 | 시28~29 | 전5 | 딤후1
19	레23 | 시30 | 전6 | 딤후2
20	레24 | 시31 | 전7 | 딤후3
21	레25 | 시32 | 전8 | 딤후4
22	레26 | 시33 | 전9 | 딛1
23	레27 | 시34 | 전10 | 딛2
24	민1 | 시35 | 전11 | 딛3
25	민2 | 시36 | 전12 | 몬1
26	민3 | 시37 | 아1 | 히1
27	민4 | 시38 | 아2 | 히2
28	민5 | 시39 | 아3 | 히3
29	민6 | 시40~41 | 아4 | 히4
30	민7 | 시42~43 | 아5 | 히5

May 05

1	민8 | 시44 | 아6 | 히6
2	민9 | 시45 | 아7 | 히7
3	민10 | 시46~47 | 아8 | 히8
4	민11 | 시48 | 사1 | 히9
5	민12~13 | 시49 | 사2 | 히10
6	민14 | 시50 | 사3~4 | 히11
7	민15 | 시51 | 사5 | 히12
8	민16 | 시52~54 | 사6 | 히13
9	민17~18 | 시55 | 사7 | 약1
10	민19 | 시56~57 | 사8:1~9:7 | 약2
11	민20 | 시58~59 | 사9:8~10:4 | 약3
12	민21 | 시60~61 | 사10:5~34 | 약4
13	민22 | 시62~63 | 사11~12 | 약5
14	민23 | 시64~65 | 사13 | 벧전1
15	민24 | 시66~67 | 사14 | 벧전2
16	민25 | 시68 | 사15 | 벧전3
17	민26 | 시69 | 사16 | 벧전4
18	민27 | 시70~71 | 사17~18 | 벧전5
19	민28 | 시72 | 사19~20 | 벧후1
20	민29 | 시73 | 사21 | 벧후2
21	민30 | 시74 | 사22 | 벧후3
22	민31 | 시75~76 | 사23 | 요일1
23	민32 | 시77 | 사24 | 요일2
24	민33 | 시78:1~37 | 사25 | 요일3
25	민34 | 시78:38~72 | 사26 | 요일4
26	민35 | 시79 | 사27 | 요일5
27	민36 | 시80 | 사28 | 요이1
28	신1 | 시81~82 | 사29 | 요삼1
29	신2 | 시83~84 | 사30 | 유1
30	신3 | 시85 | 사31 | 계1
31	신4 | 시86~87 | 사32 | 계2

June 06

1	신5 | 시88 | 사33 | 계3
2	신6 | 시89 | 사34 | 계4
3	신7 | 시90 | 사35 | 계5
4	신8 | 시91 | 사36 | 계6
5	신9 | 시92~93 | 사37 | 계7
6	신10 | 시94 | 사38 | 계8
7	신11 | 시95~96 | 사39 | 계9
8	신12 | 시97~98 | 사40 | 계10
9	신13~14 | 시99~101 | 사41 | 계11
10	신15 | 시102 | 사42 | 계12
11	신16 | 시103 | 사43 | 계13
12	신17 | 시104 | 사44 | 계14
13	신18 | 시105 | 사45 | 계15
14	신19 | 시106 | 사46 | 계16
15	신20 | 시107 | 사47 | 계17
16	신21 | 시108~109 | 사48 | 계18
17	신22 | 시110~111 | 사49 | 계19
18	신23 | 시112~113 | 사50 | 계20
19	신24 | 시114~115 | 사51 | 계21
20	신25 | 시116 | 사52 | 계22
21	신26 | 시117~118 | 사53 | 마1
22	신27:1~28:19 | 시119:1~24 | 사54 | 마2
23	신28:20~68 | 시119:25~48 | 사55 | 마3
24	신29 | 시119:49~72 | 사56 | 마4
25	신30 | 시119:73~96 | 사57 | 마5
26	신31 | 시119:97~120 | 사58 | 마6
27	신32 | 시119:121~144 | 사59 | 마7
28	신33~34 | 시119:145~176 | 사60 | 마8
29	수1 | 시120~122 | 사61 | 마9
30	수2 | 시123~125 | 사62 | 마10

July 07

1	수3 | 시126~128 | 사63 | 마11
2	수4 | 시129~131 | 사64 | 마12
3	수5:1~6:5 | 시132~134 | 사65 | 마13
4	수6:6~27 | 시135~136 | 사66 | 마14
5	수7 | 시137~138 | 렘1 | 마15
6	수8 | 시139 | 렘2 | 마16
7	수9 | 시140~141 | 렘3 | 마17
8	수10 | 시142~143 | 렘4 | 마18
9	수11 | 시144 | 렘5 | 마19
10	수12~13 | 시145 | 렘6 | 마20
11	수14~15 | 시146~147 | 렘7 | 마21
12	수16~17 | 시148 | 렘8 | 마22
13	수18~19 | 시149~150 | 렘9 | 마23
14	수20~21 | 행1 | 렘10 | 마24
15	수22 | 행2 | 렘11 | 마25
16	수23 | 행3 | 렘12 | 마26
17	수24 | 행4 | 렘13 | 마27
18	삿1 | 행5 | 렘14 | 마28
19	삿2 | 행6 | 렘15 | 막1
20	삿3 | 행7 | 렘16 | 막2
21	삿4 | 행8 | 렘17 | 막3
22	삿5 | 행9 | 렘18 | 막4
23	삿6 | 행10 | 렘19 | 막5
24	삿7 | 행11 | 렘20 | 막6
25	삿8 | 행12 | 렘21 | 막7
26	삿9 | 행13 | 렘22 | 막8
27	삿10:1~11:11 | 행14 | 렘23 | 막9
28	삿11:12~40 | 행15 | 렘24 | 막10
29	삿12 | 행16 | 렘25 | 막11
30	삿13 | 행17 | 렘26 | 막12
31	삿14 | 행18 | 렘27 | 막13

August 08

1	삿15 | 행19 | 렘28 | 막14
2	삿16 | 행20 | 렘29 | 막15
3	삿17 | 행21 | 렘30~31 | 막16
4	삿18 | 행22 | 렘32 | 시1~2
5	삿19 | 행23 | 렘33 | 시3~4
6	삿20 | 행24 | 렘34 | 시5~6
7	삿21 | 행25 | 렘35 | 시7~8
8	룻1 | 행26 | 렘36~37 | 시9
9	룻2 | 행27 | 렘38 | 시10
10	룻3~4 | 행28 | 렘39 | 시11~12
11	삼상1 | 롬1 | 렘40 | 시13~14
12	삼상2 | 롬2 | 렘41 | 시15~16
13	삼상3 | 롬3 | 렘42 | 시17
14	삼상4 | 롬4 | 렘43 | 시18
15	삼상5~6 | 롬5 | 렘44 | 시19
16	삼상7~8 | 롬6 | 렘45 | 시20~21
17	삼상9 | 롬7 | 렘46 | 시22
18	삼상10 | 롬8 | 렘47 | 시23~24
19	삼상11 | 롬9 | 렘48 | 시25
20	삼상12 | 롬10 | 렘49 | 시26~27
21	삼상13 | 롬11 | 렘50 | 시28~29
22	삼상14 | 롬12 | 렘51 | 시30
23	삼상15 | 롬13 | 렘52 | 시31
24	삼상16 | 롬14 | 애1 | 시32
25	삼상17 | 롬15 | 애2 | 시33
26	삼상18 | 롬16 | 애3 | 시34
27	삼상19 | 고전1 | 애4 | 시35
28	삼상20 | 고전2 | 애5 | 시36
29	삼상21~22 | 고전3 | 겔1 | 시37
30	삼상23 | 고전4 | 겔2 | 시38
31	삼상24 | 고전5 | 겔3 | 시39

September 09

1	삼상25 | 고전6 | 겔4 | 시40~41
2	삼상26 | 고전7 | 겔5 | 시42~43
3	삼상27 | 고전8 | 겔6 | 시44
4	삼상28 | 고전9 | 겔7 | 시45~46
5	삼상29~30 | 고전10 | 겔8 | 시47
6	삼상31 | 고전11 | 겔9 | 시48
7	삼하1 | 고전12 | 겔10 | 시49
8	삼하2 | 고전13 | 겔11 | 시50
9	삼하3 | 고전14 | 겔12 | 시51
10	삼하4~5 | 고전15 | 겔13 | 시52~54
11	삼하6 | 고전16 | 겔14 | 시55
12	삼하7 | 고후1 | 겔15 | 시56~57
13	삼하8~9 | 고후2 | 겔16 | 시58~59
14	삼하10 | 고후3 | 겔17 | 시60~61
15	삼하11 | 고후4 | 겔18 | 시62~63
16	삼하12 | 고후5 | 겔19 | 시64~65
17	삼하13 | 고후6 | 겔20 | 시66~67
18	삼하14 | 고후7 | 겔21 | 시68
19	삼하15 | 고후8 | 겔22 | 시69
20	삼하16 | 고후9 | 겔23 | 시70~71
21	삼하17 | 고후10 | 겔24 | 시72
22	삼하18 | 고후11 | 겔25 | 시73
23	삼하19 | 고후12 | 겔26 | 시74
24	삼하20 | 고후13 | 겔27 | 시75~76
25	삼하21 | 갈1 | 겔28 | 시77
26	삼하22 | 갈2 | 겔29 | 시78:1~37
27	삼하23 | 갈3 | 겔30 | 시78:38~72
28	삼하24 | 갈4 | 겔31 | 시79
29	왕상1 | 갈5 | 겔32 | 시80
30	왕상2 | 갈6 | 겔33 | 시81~82

October 10

1	왕상3 | 엡1 | 겔34 | 시83~84
2	왕상4~5 | 엡2 | 겔35 | 시85
3	왕상6 | 엡3 | 겔36 | 시86
4	왕상7 | 엡4 | 겔37 | 시87~88
5	왕상8 | 엡5 | 겔38 | 시89
6	왕상9 | 엡6 | 겔39 | 시90
7	왕상10 | 빌1 | 겔40 | 시91
8	왕상11 | 빌2 | 겔41 | 시92~93
9	왕상12 | 빌3 | 겔42 | 시94
10	왕상13 | 빌4 | 겔43 | 시95~96
11	왕상14 | 골1 | 겔44 | 시97~98
12	왕상15 | 골2 | 겔45 | 시99~101
13	왕상16 | 골3 | 겔46 | 시102
14	왕상17 | 골4 | 겔47 | 시103
15	왕상18 | 살전1 | 겔48 | 시104
16	왕상19 | 살전2 | 단1 | 시105
17	왕상20 | 살전3 | 단2 | 시106
18	왕상21 | 살전4 | 단3 | 시107
19	왕상22 | 살전5 | 단4 | 시108~109
20	왕하1 | 살후1 | 단5 | 시110~111
21	왕하2 | 살후2 | 단6 | 시112~113
22	왕하3 | 살후3 | 단7 | 시114~115
23	왕하4 | 딤전1 | 단8 | 시116
24	왕하5 | 딤전2 | 단9 | 시117~118
25	왕하6 | 딤전3 | 단10 | 시119:1~24
26	왕하7 | 딤전4 | 단11 | 시119:25~48
27	왕하8 | 딤전5 | 단12 | 시119:49~72
28	왕하9 | 딤전6 | 호1 | 시119:73~96
29	왕하10 | 딤후1 | 호2 | 시119:97~120
30	왕하11~12 | 딤후2 | 호3~4 | 시119:121~144
31	왕하13 | 딤후3 | 호5~6 | 시119:145~176

November 11

1	왕하14 | 딤후4 | 호7 | 시120~122
2	왕하15 | 딛1 | 호8 | 시123~125
3	왕하16 | 딛2 | 호9 | 시126~128
4	왕하17 | 딛3 | 호10 | 시129~131
5	왕하18 | 몬1 | 호11 | 시132~134
6	왕하19 | 히1 | 호12 | 시135~136
7	왕하20 | 히2 | 호13 | 시137~138
8	왕하21 | 히3 | 호14 | 시139
9	왕하22 | 히4 | 욜1 | 시140~141
10	왕하23 | 히5 | 욜2 | 시142
11	왕하24 | 히6 | 욜3 | 시143
12	왕하25 | 히7 | 암1 | 시144
13	대상1~2 | 히8 | 암2 | 시145
14	대상3~4 | 히9 | 암3 | 시146~147
15	대상5~6 | 히10 | 암4 | 시148~150
16	대상7~8 | 히11 | 암5 | 눅1:1~38
17	대상9~10 | 히12 | 암6 | 눅1:39~80
18	대상11~12 | 히13 | 암7 | 눅2
19	대상13~14 | 약1 | 암8 | 눅3
20	대상15 | 약2 | 암9 | 눅4
21	대상16 | 약3 | 옵1 | 눅5
22	대상17 | 약4 | 욘1 | 눅6
23	대상18 | 약5 | 욘2 | 눅7
24	대상19~20 | 벧전1 | 욘3 | 눅8
25	대상21 | 벧전2 | 욘4 | 눅9
26	대상22 | 벧전3 | 미1 | 눅10
27	대상23 | 벧전4 | 미2 | 눅11
28	대상24~25 | 벧전5 | 미3 | 눅12
29	대상26~27 | 벧후1 | 미4 | 눅13
30	대상28 | 벧후2 | 미5 | 눅14

December 12

1	대상29 | 벧후3 | 미6 | 눅15
2	대하1 | 요일1 | 미7 | 눅16
3	대하2 | 요일2 | 나1 | 눅17
4	대하3~4 | 요일3 | 나2 | 눅18
5	대하5:1~6:11 | 요일4 | 나3 | 눅19
6	대하6:12~42 | 요일5 | 합1 | 눅20
7	대하7 | 요이1 | 합2 | 눅21
8	대하8 | 요삼1 | 합3 | 눅22
9	대하9 | 유1 | 습1 | 눅23
10	대하10 | 계1 | 습2 | 눅24
11	대하11~12 | 계2 | 습3 | 요1
12	대하13 | 계3 | 학1 | 요2
13	대하14~15 | 계4 | 학2 | 요3
14	대하16 | 계5 | 숙1 | 요4
15	대하17 | 계6 | 숙2 | 요5
16	대하18 | 계7 | 숙3 | 요6
17	대하19~20 | 계8 | 숙4 | 요7
18	대하21 | 계9 | 숙5 | 요8
19	대하22~23 | 계10 | 숙6 | 요9
20	대하24 | 계11 | 숙7 | 요10
21	대하25 | 계12 | 숙8 | 요11
22	대하26 | 계13 | 숙9 | 요12
23	대하27~28 | 계14 | 숙10 | 요13
24	대하29 | 계15 | 숙11 | 요14
25	대하30 | 계16 | 숙12:1~13:1 | 요15
26	대하31 | 계17 | 숙13:2~9 | 요16
27	대하32 | 계18 | 숙14 | 요17
28	대하33 | 계19 | 말1 | 요18
29	대하34 | 계20 | 말2 | 요19
30	대하35 | 계21 | 말3 | 요20
31	대하36 | 계22 | 말4 | 요21

성경읽기표

※ 매일 하루 3장씩 성경을 읽으면 1년 1독이 가능합니다.

구약성경

창세기	1 2 3 4 5 6 7 8 9 10 11 12 13 14 15 16 17 18 19 20 21 22 23 24 25 26 27 28 29 30 31 32 33 34 35 36 37 38 39 40 41 42 43 44 45 46 47 48 49 50
출애굽기	1 2 3 4 5 6 7 8 9 10 11 12 13 14 15 16 17 18 19 20 21 22 23 24 25 26 27 28 29 30 31 32 33 34 35 36 37 38 39 40
레위기	1 2 3 4 5 6 7 8 9 10 11 12 13 14 15 16 17 18 19 20 21 22 23 24 25 26 27
민수기	1 2 3 4 5 6 7 8 9 10 11 12 13 14 15 16 17 18 19 20 21 22 23 24 25 26 27 28 29 30 31 32 33 34 35 36
신명기	1 2 3 4 5 6 7 8 9 10 11 12 13 14 15 16 17 18 19 20 21 22 23 24 25 26 27 28 29 30 31 32 33 34
여호수아	1 2 3 4 5 6 7 8 9 10 11 12 13 14 15 16 17 18 19 20 21 22 23 24
사사기	1 2 3 4 5 6 7 8 9 10 11 12 13 14 15 16 17 18 19 20 21
룻기	1 2 3 4
사무엘상	1 2 3 4 5 6 7 8 9 10 11 12 13 14 15 16 17 18 19 20 21 22 23 24 25 26 27 28 29 30 31
사무엘하	1 2 3 4 5 6 7 8 9 10 11 12 13 14 15 16 17 18 19 20 21 22 23 24
열왕기상	1 2 3 4 5 6 7 8 9 10 11 12 13 14 15 16 17 18 19 20 21 22
열왕기하	1 2 3 4 5 6 7 8 9 10 11 12 13 14 15 16 17 18 19 20 21 22 23 24 25
역대상	1 2 3 4 5 6 7 8 9 10 11 12 13 14 15 16 17 18 19 20 21 22 23 24 25 26 27 28 29
역대하	1 2 3 4 5 6 7 8 9 10 11 12 13 14 15 16 17 18 19 20 21 22 23 24 25 26 27 28 29 30 31 32 33 34 35 36
에스라	1 2 3 4 5 6 7 8 9 10
느헤미야	1 2 3 4 5 6 7 8 9 10 11 12 13
에스더	1 2 3 4 5 6 7 8 9 10
욥기	1 2 3 4 5 6 7 8 9 10 11 12 13 14 15 16 17 18 19 20 21 22 23 24 25 26 27 28 29 30 31 32 33 34 35 36 37 38 39 40 41 42
시편	1 2 3 4 5 6 7 8 9 10 11 12 13 14 15 16 17 18 19 20 21 22 23 24 25 26 27 28 29 30 31 32 33 34 35 36 37 38 39 40 41 42 43 44 45 46 47 48 49 50 51 52 53 54 55 56 57 58 59 60 61 62 63 64 65 66 67 68 69 70 71 72 73 74 75 76 77 78 79 80 81 82 83 84 85 86 87 88 89 90 91 92 93 94 95 96 97 98 99 100 101 102 103 104 105 106 107 108 109 110 111 112 113 114 115 116 117 118 119 120 121 122 123 124 125 126 127 128 129 130 131 132 133 134 135 136 137 138 139 140 141 142 143 144 145 146 147 148 149 150
잠언	1 2 3 4 5 6 7 8 9 10 11 12 13 14 15 16 17 18 19 20 21 22 23 24 25 26 27 28 29 30 31
전도서	1 2 3 4 5 6 7 8 9 10 11 12
아가	1 2 3 4 5 6 7 8
이사야	1 2 3 4 5 6 7 8 9 10 11 12 13 14 15 16 17 18 19 20 21 22 23 24 25 26 27 28 29 30 31 32 33 34 35 36 37 38 39 40 41 42 43 44 45 46 47 48 49 50 51 52 53 54 55 56 57 58 59 60 61 62 63 64 65 66
예레미야	1 2 3 4 5 6 7 8 9 10 11 12 13 14 15 16 17 18 19 20 21 22 23 24 25 26 27 28 29 30 31 32 33 34 35 36 37 38 39 40 41 42 43 44 45 46 47 48 49 50 51 52
예레미야애가	1 2 3 4 5
에스겔	1 2 3 4 5 6 7 8 9 10 11 12 13 14 15 16 17 18 19 20 21 22 23 24 25 26 27 28 29 30 31 32 33 34 35 36 37 38 39 40 41 42 43 44 45 46 47 48
다니엘	1 2 3 4 5 6 7 8 9 10 11 12
호세아	1 2 3 4 5 6 7 8 9 10 11 12 13 14
요엘	1 2 3
아모스	1 2 3 4 5 6 7 8 9
오바댜	1
요나	1 2 3 4
미가	1 2 3 4 5 6 7
나훔	1 2 3
하박국	1 2 3
스바냐	1 2 3
학개	1 2
스가랴	1 2 3 4 5 6 7 8 9 10 11 12 13 14
말라기	1 2 3 4

신약성경

마태복음	1 2 3 4 5 6 7 8 9 10 11 12 13 14 15 16 17 18 19 20 21 22 23 24 25 26 27 28
마가복음	1 2 3 4 5 6 7 8 9 10 11 12 13 14 15 16
누가복음	1 2 3 4 5 6 7 8 9 10 11 12 13 14 15 16 17 18 19 20 21 22 23 24
요한복음	1 2 3 4 5 6 7 8 9 10 11 12 13 14 15 16 17 18 19 20 21
사도행전	1 2 3 4 5 6 7 8 9 10 11 12 13 14 15 16 17 18 19 20 21 22 23 24 25 26 27 28
로마서	1 2 3 4 5 6 7 8 9 10 11 12 13 14 15 16
고린도전서	1 2 3 4 5 6 7 8 9 10 11 12 13 14 15 16
고린도후서	1 2 3 4 5 6 7 8 9 10 11 12 13
갈라디아서	1 2 3 4 5 6
에베소서	1 2 3 4 5 6
빌립보서	1 2 3 4
골로새서	1 2 3 4
데살로니가전서	1 2 3 4 5
데살로니가후서	1 2 3
디모데전서	1 2 3 4 5 6
디모데후서	1 2 3 4
디도서	1 2 3
빌레몬서	1
히브리서	1 2 3 4 5 6 7 8 9 10 11 12 13
야고보서	1 2 3 4 5
베드로전서	1 2 3 4 5
베드로후서	1 2 3
요한일서	1 2 3 4 5
요한이서	1
요한삼서	1
유다서	1
요한계시록	1 2 3 4 5 6 7 8 9 10 11 12 13 14 15 16 17 18 19 20 21 22